明鉴 周其星 ————主编 王侠

# 讲给孩子的百年梦想

## 英雄先烈的故事 II

深圳出版社

**图书在版编目（CIP）数据**

讲给孩子的百年梦想. ⑦，英雄先烈的故事. Ⅱ /
明鉴，周其星主编；王侠，张彩霞著. -- 深圳：深圳
出版社，2025. 2. -- ISBN 978-7-5507-4194-2

Ⅰ. K820.7

中国国家版本馆CIP数据核字第2024XR3516号

# 讲给孩子的百年梦想⑦：英雄先烈的故事Ⅱ

JIANG GEI HAIZI DE BAINIAN MENGXIANG⑦: YINGXIONG XIANLIE DE GUSHI Ⅱ

| | |
|---|---|
| 出 品 人 | 聂雄前 |
| 责任编辑 | 沈逸舟 |
| 责任校对 | 莫秀明 |
| 责任技编 | 梁立新 |
| 封面设计 | Yoorich Studio |

出版发行　深圳出版社
地　　址　深圳市彩田南路海天综合大厦（518033）
网　　址　www.htph.com.cn
订购电话　0755-83460239（邮购、团购）
设计制作　深圳市龙瀚文化传播有限公司 0755-33133493
印　　刷　深圳市希望印务有限公司
开　　本　889mm×1194mm　1/32
印　　张　7
字　　数　93千
版　　次　2025年2月第1版
印　　次　2025年2月第1次
定　　价　29.80元

# 序言
## 百年梦想, 筑梦儿童

　　从1921年到2021年，百年时光成就百年梦想，中国绽放着璀璨的红色光芒！

　　看今日之中国，气象万千，山河壮美，人民幸福，国泰民安。有今日之成就，我们不要忘记曾经走过的路；要走好今天与未来的路，就莫要忘记前面引路的人。正如习近平总书记告诫我们的：“一切向前走，都不能忘记走过的路；走得再远、走到再光辉的未来，也不能忘记走过的过去，不能忘记为什么出发。”这就是我们不忘初心的原因。

　　习近平总书记还特别强调，要“大力发扬

红色传统、传承红色基因，赓续共产党人精神血脉，始终保持革命者的大无畏奋斗精神，鼓起迈进新征程、奋进新时代的精气神"。

不忘初心，方得始终。为庆祝建党百年，我们邀请了全国知名儿童阅读推广人——周其星老师和他的写作团队，一起编写了百年来为国家作出巨大贡献、在自己的专业领域里开创出一片光辉前程的卓越人士的动人故事——"讲给孩子的百年梦想"丛书。

丛书第一辑从"书画家""教育家""科学家""体育人""文学家""音乐家""英雄先烈"七个领域，选编出最能触发社会关注的典型人物的感人事迹，广泛征询了社会各方面意见，特别邀请了中国社会科学院、中国科学院大学的专家学者进行审阅指导，最终在海天出版社（现深圳出版社）的大力支持下顺利出版，与读者见面。

此外，九三学社深圳市委员会一直高度关注儿童的健康成长，尤其重视青少年的思想教育。

对这套丛书，从一开始的创想到后续的走进街道社区、走进学校课堂、走进边远地区等一系列红色公益助学活动，他们始终与我们并肩站在第一线。

在此，向所有助力本套丛书的朋友致敬且一并感谢！

早在2019年，笔者就怀有一个梦想，希望能为我们的孩子做点有意义的事，希望他们的阅读视野里多一些闪闪发光的真英雄，希望他们知道今天的幸福生活来自哪些人的奋斗和努力，希望社会各领域的优秀人物被更多人看见……

当年的梦想已经变成现实，"讲给孩子的百年梦想"丛书出版后，深受读者朋友们的喜爱，正被万千儿童阅读。梦想的种子已经种下，伟大的故事正在传播。丛书还被《人民日报》推荐，先后入选"全国百班千人读写计划"共读书单、新疆新闻出版"东风工程"赠阅书单，以及海天出版社2021年度"十大好书"等。

在此激励下，我们继续组织编写了第二

辑丛书。这次，我们除了延续第一辑中"书画家""科学家""文学家""英雄先烈"四个领域的传奇人物故事外，还新增了"实业家""身边人"的动人故事。

未来，我们还将不断地精心选题，决心把"讲给孩子的百年梦想"系列丛书持续编写下去……

十年树木，百年树人。希望我们的孩子，通过阅读丛书，学会发现平凡中的伟大，懂得坚持中的不朽。

这是故事的力量，更是梦想的力量！

我们衷心希望并且笃信，通过阅读这些先进人物的光荣故事，孩子们能够从小奠定精神的底色，成长为民族的脊梁、国家的骄傲；通过阅读这些英模追求梦想的故事，我们的孩子可以汲取无限的力量，遇见更好的自己。

祝福我们的孩子，越来越快乐！

祝福英雄的人民，越来越幸福！

祝福伟大的祖国，越来越强盛！

祝福当今的世界，越来越和平！

中国优生优育协会副会长

红色文化传承工作委员会主任

明鉴

2023年9月25日

# 目录

"我愿意牺牲一切，贡献于苏维埃和革命"——方志敏.... 001

"对革命一丝不苟，奋不顾身"——李维汉 .................. 025

"生而益民，死而谢民"——刘志丹 ....................... 045

"生做中国人的唯一责任是救国"——彭湃 ................. 067

"我只是沧海一粟而已"——粟裕 ........................ 087

"人生最快意的事情，莫过于祖国富饶，群众安乐"——萧华

.................................................. 107

"没有坚定的信念，革命不会成功"——萧克 ................ 125

"永远跟党走，言行一致，说到做到！"——徐向前 ........143

"不艰苦怎能叫革命"——杨靖宇 ........................ 165

"抗美援朝，保家卫国"——中国人民志愿军 .............. 185

"我愿意牺牲一切,
贡献于苏维埃和革命"

——方志敏

# 方志敏 （1899年8月21日—1935年8月6日）

中国无产阶级革命家、军事家，赣东北红军和革命根据地创建人，中国工农红军高级指挥员。原名远镇，号惠生，江西弋阳人。1922年加入中国社会主义青年团。1924年转为中国共产党党员。曾任国民党江西省党部执行委员兼农民部部长，江西省农民协会常委兼秘书长，中华全国农民协会临时执行委员会委员。1928年1月领导弋（阳）横（峰）起义。曾任中共弋横中心县委书记、闽浙赣省委书记，信江、赣东北省和闽浙赣省苏维埃政府主席，第十军代理政治委员等职。先后领导赣东北、闽浙赣革命根据地反"围剿"作战，并配合中央革命根据地反"围剿"作战。是中共第六届中央委员，第一、第二届中华苏维埃共和国中央执行委员和第二届主席团成员。被授予红旗勋章。1934年11月任红十军团军政委员会主席。1935年1月在江西怀玉山区遭国民党军包围，在玉山陇首村被俘。面对严刑和诱降，正气凛然，坚贞不屈。8月6日在南昌英勇就义。遗著有《可爱的中国》《狱中纪实》等。

## 理想之光的艰难探索

仿佛有无量数人在我的周围哭泣啊！

他们呜咽的、悲哀的而且时时震颤的声音，

越侧耳细心去听，越发凄楚动人了！

"我们血汗换来的稻麦，十分之八被田主榨取去了，

剩的些微，哪够供妻养子？……

…………

青年人，可爱的青年人，你不援救我们还希望谁？"

似乎他们联合起来，同声哭诉。

这时我的心碎了。

热泪涌出眼眶来了。

我坚决勇敢地道：

"是的，我应该援救你们，我同着你们去……"

——方志敏《哭声》

"是的，我应该援救你们，我同着你们去……"青年方志敏伫立在黄浦江边，反复吟诵着自己曾经的诗句，心情就像眼前缓缓流动着的浑浊的江水，十分沉重。"应该援救"，但用什么去援救？怎么去援救？旧中国在军阀混战的苦难泥潭中沉疴难起，普通老百姓都过着猪狗不如的日子，简直就是会说话的劳动工具。"朱门酒肉臭，路有冻死骨。"这样的惨剧似乎每天都在这个贫弱的社会上演，勤劳善良的国人长期被奴役、被压榨、被掠夺……这漫漫黑暗，何时是个尽头？

那划开黑暗渊薮，洞穿罪恶囚笼的"光"到底在哪里？

方志敏突然分外想念自己的家乡——江西省弋阳县漆工镇湖塘村。那美丽的小山村，有清澈的水塘，有弯弯的小河，还有邵式平等许多志同道合的伙伴。当然，让他更加想念的，是含辛茹苦抚养自己长大，节衣缩食送自己去读书的父母。从小体弱多病的方志敏上村办私塾、县立高等小学，考取南昌甲种工业学校，特别是后来远赴九江入读南伟烈学校，都让他们操碎了心。方志敏不由想起辛亥革命胜利那一年，十二岁的他朦胧感觉到世界似乎有些不同了，天地间仿佛将酝酿出一丝朦朦胧胧的光……

可是盼来盼去，除了剪掉了一根猪尾巴似的长辫子，其他都是外甥打灯笼——照旧。不久，全国军阀混战，兵连祸结，硝烟四起，而洋人趁机纷纷压榨中国，疯狂掠夺资源，欺压民众。老百姓过得比黄连还苦，活得更加艰难了。可爱的中国依然在漫漫长夜中昏睡、沉沦。

五四爱国运动和俄国十月革命的滚滚春雷惊醒了沉睡的赣鄱大地，方志敏久蛰的理想信念之光穿破了坚硬的封冻和艰难选择的迷茫，渐渐明亮起来。一本偶然得到的《先驱》猛然让他眼前一亮，"打倒军阀！""打倒土豪！""打倒帝国主义！""一切权力归苏维埃！"，这些口号喊到了他的心坎里。这时候，正在九江南伟烈学校学习的方志敏想方设法找来英文版的《资本

论》《共产党宣言》，一边学习英文，一边抱着
原著啃读。反复研读几遍后，方志敏的眼前豁然
开朗。他认定，马克思主义是光，是一扫中国阴
霾、驱散中华民族几千年黑暗的擎天火炬。

　　他非常激动，再也坐不住了。循着《先驱》
编辑部留下的地址，方志敏来到了上海。可是，
上海太大，而《先驱》据说是中国社会主义青年
团的机关刊物，常遭受北洋军阀政府的打压，编
辑部的地址经常变换。方志敏多方寻找，始终不
知其踪。他盘缠用尽，衣食无着，居无定所，不
知路向何处去。他游走在街头，正巧看到法国公
园门口高挂着"华人与狗不准进园"的刺眼牌
子，感觉受到了奇耻大辱。在中国自己的土地
上，中国人竟然不能自由出入公共场所，还被侮
辱为与狗等同。怒气难平的方志敏信步来到黄浦
江边苦思接下来该怎么办。

　　天无绝人之路。历史的机缘有时候是那样无
可言说地巧妙。在《先驱》编辑部原地址附近，
凭着乡音，方志敏奇迹般地遇到了已是共产党员

的老乡赵醒侬、袁玉冰。当时三人谁都没有想到，多年后他们会被誉为对江西革命作出卓越贡献的"江西三杰"。其后，方志敏又通过他们结识了陈独秀、瞿秋白、恽代英、向警予、张太雷等许多著名的共产党员。

方志敏如久旱逢甘霖的禾苗，从这些共产党人身上尽情汲取着马克思主义与苏维埃思想的雨露。后来，在回顾这段探索历程时他说道："我已认定苏维埃可以救中国，革命必能得最后的胜利，我愿意牺牲一切，贡献于苏维埃和革命。"

## 革命之路的最初行程

假如我还能生存，那我生存一天就要为中国呼喊一天；假如我不能生存——死了，我流血的地方，或者我瘗骨的地方，或许会长出一朵可爱的花来，这朵花你们就看作是我的精诚的寄托吧！在微风的吹拂中，如果那朵花是上下点头，那就可视为我对于为中国民族解放奋斗的爱国志士们在致以热诚的敬礼；如果那朵花是左右摇摆，那就可视为我在提劲儿唱着革命之歌，鼓励战士们前进啦！

——方志敏《可爱的中国》

　　1922年初刚刚加入了中国社会主义青年团的方志敏，踌躇满志地回到了风雨如磐的南昌。他要散播光，做一个播火人，在自己的家乡播撒革命的火种。这是他投身于解救民众、解放民族、复兴中华的伟大事业的开端。

　　但此时的南昌像一潭死水，弥漫的是腐朽、落后的肮脏气。扫荡腐朽，涤清污垢，打破沉寂，催生出一个欣欣向荣的春天的南昌，是方志敏的当务之急。他以心远大学旁听生的身份，一个个走访那些认识或不认识的进步青年，比如邵式平、崔豪、汪群、邹努等人，只要是志同道合的人，就邀请他们来共同筹划创办"南昌文化书社"。方志敏的计划是远大的。他要以此为基地，在广泛宣传马克思主义的同时，汇集更多志同道合的马克思主义信仰者，他要让书社成为江西无产阶级革命的活动中心，成为搅动江西这潭死水的动力源。

方志敏到处筹措经费，四处寻找并租赁合适的社址，联系进步书商和书源，起草开张启事和书社宣言……一个多月的时间里，他忙得不可开交，但乐此不疲。

这年9月，南昌文化书社在百花洲正式开业了。书社小而精，靠近门口的普通书架，大多摆放的是一般书店常见的普通书籍；只有靠近内室的几排书架上，陈列着名目繁多的社会科学书籍和报刊。那些一般人很难注意到的角落里，则散放着几本普通书店不敢销售的书刊，以及几页手写的进步书刊书单。若有更多的需要，就要去咨询店员了。店员会审慎地观察购书者，如果觉得放心，就会引领他穿过一道隐蔽的小门，进到后厅，那里别有洞天，有更多的进步书刊供大家阅读。上海进步书店能买到的这里一般都会有，举凡《共产党宣言》《资本论入门》《唯物论浅说》《共产主义ABC》《解放与改造》《新青年》《向导》《先驱》等，应有尽有。

这个后厅其实是一个秘密书厅，也是一个免费学习的阅览室。当年的许多南昌进步青年，甚至许多外地进步青年，都曾光顾过这里。谁也没有想到，现代江西的无产阶级革命就是从这间外表普普通通，内里却暗藏春天的书社开始的。这家书社像磁铁般紧紧吸引了众多进步青年，他们如饥似渴地汲取精神的养料，感受真理之光的温暖。他们争相购买进步书籍，兴奋地阅读，自发地传播马克思主义。江西革命的春天就要到来了！

可繁重的工作让自小体弱多病又身无分文的方志敏病倒了。书社开办三个月，方志敏就因严重的胃病吐血三次，不得不住进医院。他像一把火炬，为照亮并温暖如迷雾森林般的赣鄱大地，甘愿燃点自己的脂膏。

方志敏把书社看得比自己的生命还重要。他细心呵护它如同呵护一只雏鹰，小心翼翼地打理它初生的羽毛。

在这里，方志敏、赵醒侬、刘拜农等七人发起成立了中国社会主义青年团江西地方组织。

在这里，方志敏经赵醒侬介绍，正式加入了中国共产党。方志敏说："从此，我的一切，直至我的生命都交给党了。"

在这里，方志敏协助赵醒侬、袁玉冰开展"民权运动大同盟"的组建工作。在和反动军阀的激烈斗争中，他的组织领导能力得到飞速提升。

在这里，方志敏悄然进行了一场马克思主义和苏维埃的启蒙运动，为后来的南昌起义、秋收起义、井冈山革命根据地的建立、赣东北革命根据地的开辟等轰轰烈烈的革命活动奠定了坚实的思想基础。

在这里，方志敏播下了革命的火种，只等春天的号角吹响……

南昌文化书社的进步活动很快就被嗅觉灵敏的反动军阀暗探发觉，书社惨遭查封！由于进步书友提前告知消息，方志敏连夜离开南昌，远走南京，幸免于难。

　　书社仅仅存在了半年左右，但就是这半年，在江西播撒下许多革命的火种。阴冷的迷雾森林终于有了点点希望之光，方志敏奉献出他的赤子之心，将它高高擎起，使之熊熊燃烧。

## 发动农民开展武装斗争

敌人只能砍下我们的头颅，
决不能动摇我们的信仰！
因为我们信仰的主义，
乃是宇宙的真理！


为着共产主义牺牲，为着苏维埃流血，
那是我们十分情愿的啊！

　　　　　——方志敏《死！——共产主义的
殉道者的记述》

此后的多年时间里，方志敏似乎销声匿迹了。但在赣鄱大地上，田间地头、渡口码头、凉亭瓜棚、工场作坊、邮亭驿站、私塾祠堂……人们经常可以看到一个身材高大瘦削，穿着一身补丁衣服，头戴斗笠，脚穿草鞋，农民模样的汉子活动的身影。

他就是方志敏。他回到了家乡。他要驱散家乡的黑暗，把马克思主义的光播撒在这片他热爱的土地上，把苏维埃的理想种植在这贫瘠的赣江边，并誓言将它培育成参天大树。

他在漆工镇建立了赣东北第一个党支部——弋阳特别支部，以及第一个农民协会。他把革命的目光从城市转向了农村。蒋介石、汪精卫等人相继叛变革命后，方志敏迅速在农村创建了半军事化的"农民革命团"，逐步走上"以革命的武装对抗武装的反革命"的武装斗争道路。农民革命团，一村一团，像滚雪球般得到迅猛发展，短时间内就建立起八十多个。

就在这时候，一向谨慎、小心隐蔽的方志

敏没有想到，他指导的武装斗争活动由于过于频繁，引起了当地土豪劣绅张念诚的注意。张念诚残暴恶毒，一向横行乡里，欺压百姓，特别仇视革命。他亲自跑到城里向反动政府告密，又主动拿出重金贿赂收买当地国民党驻军的一个赖姓营长。贪财的赖营长看着叮当脆响的锃亮大洋，又听说只是捉拿一个手无缚鸡之力的读书人和几个手无寸铁的农民，就信心满满地一口答应下来。

他们兵分两路，向漆工镇飞奔而来，对小小的湖塘村展开了包围的架势。他们从四面八方一窝蜂冲进村子，挨屋搜查，连猪圈茅坑都不放过。他们把村子里所有的人都赶到禾场上，其中除了被吓得哭爹叫娘的小孩，就是几个路也快走不动的颤巍巍的老头。他们连方志敏的影子都没有见到，而且怎么喝问都问不出个名堂。凶巴巴的兵痞子大喝："再不交出方志敏，就烧掉你们的房子！"乡亲们哀求："老总啊，千万不要烧房子呀，我们什么也不知道！"见凶神恶煞的威胁不起作用，赖营长气急败坏地尖着公鸭嗓子命令道："给我烧，给我把全村都烧了！"他们抢来村民们放在家里的桐油，浇到那些木头瓦房上。狂笑着的兵痞子们把火种扔上屋顶，火势借助大风瞬间窜起。湖塘村八十多户人家顿时浓烟滚滚，陷入一片火海。不到半小时，全村被烧了个精光。

闻讯远远避开，隐藏在山里的农民革命团，望到敌军在滚滚浓烟中扬长而去，无不义愤填膺，恨不得追上去，和敌人拼个你死我活。

方志敏感觉到暴动的时机成熟了。就在呛人的烟雾中，方志敏从容发布了"弋阳九区暴动开始"的命令。

农民革命团的三千多青壮年农民高举大刀长矛、镖枪鸟铳，一举包围了张念诚的高楼大院。张念诚丢下大小老婆和一堆孩子，孤身一人从后院的狗洞中钻了出去，一溜烟似的逃走了。

随后，方志敏又奉命赶赴横峰县楼底蓝家村，领导该村农民赶走了国民党横峰县政府下乡勒索煤捐的委员和多名法警，揭开了横峰年关暴动的序幕。农民革命团将地主豪绅的财产全部没收，并镇压了一些平日作恶多端的土豪劣绅，极大地鼓舞了农民的革命热情，五万余人相继响应，暴动区域也扩大到大半个县。

1928年1月2日，方志敏在弋阳窑头村主持召开党员会议，确定目前中心任务是土地革命，以地方武装暴动夺取政权，决定了武装起义的纲领。会议选举方志敏、黄道、邵式平、方志纯、吴先民、邵棠、方远辉组成中共五县工作委员会，方志敏任书记；成立起义总指挥部，方志敏任总指挥。

窑头会议后，农民革命团分成六路，乘势全面出击。一路上，各地农民纷纷加入，形成了七八万人的巨大阵势。他们浩浩荡荡包围了弋阳、横峰两座县城。弋、横两县的反动武装见势不妙，在起义军完成合围之前就仓皇逃出了县城，狼狈不堪地跑向省城去了。两县纵横百余里的广大地区到处都是暴动的队伍。

2月，国民党军联合地主武装向暴动区域发动进攻。面对气势汹汹的敌人，方志敏冷静研判形势，率领保存下来的革命武装转入磨盘山区，开展游击斗争，建立了以磨盘山为中心的弋横根据地，后来发展成赣东北革命根据地。

方志敏精选了暴动队员中的骨干，组建了正规革命武装——土地革命军第十四团，后相继改称江西红军独立第五团、江西红军独立第一团。方志敏带领他亲自创建的这支年轻的红军队伍征战八方，取得了一场又一场胜利。

## 英雄壮烈殉国

为着阶级和民族的解放，为着党的事业的成功，我毫不希罕那华丽的大厦，却宁愿居住在卑陋潮湿的茅棚；不希罕美味的西餐大菜，宁愿吞嚼剌口的苞粟和菜根；不希罕舒服柔软的钢丝床，宁愿睡在猪栏狗窠似的住所！不希罕闲逸，宁愿一天做十六点钟工的劳苦！不希罕富裕，宁愿困穷！不怕饥饿，不怕寒冷，不怕危险，不怕困难。屈辱，痛苦，一切难于忍受的生活，我都能忍受下去！这些都不能丝毫动摇我的决心，相反的，是更加磨炼我的意志！我能舍弃一切，但是不能舍弃党，舍弃阶级，舍弃革命事业。

——方志敏《死！——共产主义的殉道者的记述》

1935年1月，隆冬。苍茫怀玉山在寒夜中瑟瑟发抖。时任红十军团军政委员会主席的方志敏，正率领北上抗日先遣部队在风雪交加中艰难前行。已经连续流动作战几个月的红军指战员们衣衫单薄，疲惫不堪。因战事频繁，他们根本来不及换上冬装。红军战士们看了看正在队伍前头大踏步前进的方志敏那瘦弱却显得高大的背影，都露出信任而又坚毅的神情。

远远地，凛冽的寒风中有狗的叫声。因痔疮发作、流血不止而脸色苍白的方志敏赶紧回头找来粟裕、乐少华、刘英等几个指挥员磋商。他们遥望山下，只见远远近近、高高低低地散布着无数军帐，在火把与雪光的映照下，像巨大的公墓山上的坟冢，密密麻麻，连绵不尽。他们都知道，情况非常危急，二十万敌军即将把整个怀玉山区包围得水泄不通。虽然这只有八百人的先头部队已经跳出了包围圈，可两千余人的主力部队还在后面，正面临着被敌人"包饺子"的险恶处境。粟裕抢先说："方主席你带先头部队先走，我冲回去把大部队接应出来！"

"你们先走吧！我是部队主要负责人，我有责任把部队全部带出来！这是命令！"方志敏挥手阻止了还想争辩劝说的粟裕和其他几位同志，以不容商量的口吻，毅然决然地下达了命令，然后带上警卫连，转身向来路冲了回去。

等到方志敏找到主力部队，想要撤离时才发现迟了，敌人已经完成了铁壁般的合围。方志敏组织部队向各个方向连续进行了多次试探性冲锋，可除了增加伤亡，毫无用处。特别是天亮后，敌人凭着兵力、武器装备和后勤保障的绝对优势，全线压了上来。包围圈越来越小，方志敏和他的战友们的处境越来越凶险。天寒地冻，山势险恶，红军战士们大多疲惫不堪，体力透支严重，且几乎个个带伤，也得不到医治，伤亡越来越严重，战斗力大为下降。

又坚持了二十余天，在敌人的围追堵截中奔波战斗，方志敏每天保持高度紧张，始终不放弃突围，战斗无时无刻不在发生。此时，方志敏的身体早已经严重透支，胃病、痔疮一起发作，内心更是血泪长流。但他外表依然坚毅沉着，保持高度的乐观主义精神。他不断鼓励战士们要坚持下去，只要坚持，就一定能胜利！他完全是靠坚强的毅力和钢铁般的意志支撑着自己。他反复对自己说："你不能倒下，你决不能倒下。"

趁战斗的间隙，方志敏让部队稍事休息。他把剩下的部队整编为一个团，司号员、饲养员、通讯员、担架队、炊事员全部编入战斗队列，带领大家做最后一次突围。经过近六个小时的鏖战，机枪步枪手枪轮番射击，刺刀大刀白刃血拼，部队冲出了一层又一层包围圈，弹药所剩无几，将士伤亡愈来愈严重。方志敏看到情况已经严重到不可能再严重的地步，做好了最坏的打算。他下令烧毁全部文件、密码本、图章、旗帜，对战士们做最后的交代："如果有机会冲出去，活下来，请务必将我们所有的情况向党组织汇报。"

夜幕降临，拖着极度疲累的身子，方志敏挣扎着起身，下达了最后的命令："分散突围！决不投降！同志们，冲啊！"

1月29日，在崎岖的山路上，方志敏和所有的战友都冲散了。一身伤病的方志敏倒在地上，用尽最后的力气，爬行到丛林中一处废弃了的柴草窝中，那是猎人平常打猎时用来隐藏自己的。刚刚藏好，方志敏就彻底昏迷过去了。

方志敏在剧痛中醒来，发现自己已经被两个匪兵用麻绳紧紧捆缚起来。粗糙的绳子深深勒进了浑身是伤的身体，他痛得全身发抖。而两个匪兵扑到方志敏的身上，从上到下，又从下到上，反反复复地摸捏翻找，搜寻钱财。他们非常失望地发现，这个貌似共产党大官的人的身上，所有的物品只有破旧的怀表一块、用了不知多少年的钢笔一支、私章一枚，连一个铜板也没有。

方志敏身子倚在一棵高大的枫树的蔸上，抬头看了一眼经雪后依然在寒风中摇曳的红枫叶，瞥了一眼两个匪兵的贪婪丑态，默默无言。

怀玉山注视着这一切，她似乎懂得方志敏的心事。你看，那连绵起伏的无尽山林，那呼啸怒吼的山风，那惨烈沉重的如血残阳，似乎都在吟咏：

腥风血雨大厦倾，

丈夫不忍世道穷。

忍将残躯付故国，

长恨抗日未竟功。

方志敏被捕后，被关押在位于南昌的国民党驻赣绥靖公署军法处看守所。宁死不屈的方志敏拒绝了敌人高官厚禄的劝降，以笔代枪，写下了《可爱的中国》《狱中纪实》等16篇共13万余字的文章，誓言"革命必能得最后的胜利，我愿意牺牲一切，贡献于苏维埃和革命"。

1935年8月6日，南昌静穆，赣江呜咽。

黎明前的天空划过一声罪恶的枪响。

方志敏经历近七个月的监禁后，被残酷杀害于南昌一个叫下沙窝的荒滩上。

牺牲时，他的脚上还戴着沉重的脚镣。

不知何时，他牺牲的地方矗立起一棵参天的巨枫。

多年后，叶剑英元帅为方志敏赋诗礼赞：

> 血染东南半壁红，
>
> 忍将奇迹作奇功。
>
> 文山去后南朝月，
>
> 又照秦淮一叶枫。

"对革命一丝不苟，奋不顾身"

——李维汉

# 李维汉（1896年6月2日—1984年8月11日）

中国无产阶级革命家。又名罗迈，湖南长沙人。湖南省立第一师范学校毕业。1918年参与组织新民学会。1919年赴法国勤工俭学。1922年与周恩来等在巴黎发起成立旅欧中国少年共产党。同年回国。1923年转为中国共产党党员，任中共湘区执委会书记、湖南区委书记。1927年7月任中共中央政治局临时常委会委员。与瞿秋白主持召开八七会议，当选中共中央临时政治局常委，兼任中共中央组织部部长。1929年任中共江苏省委兼上海市委书记。1931年赴莫斯科学习，1933年回国到中央革命根据地，任中共苏区中央局组织部部长。1934年10月参加长征，任中央军委第二纵队司令员兼政委、总政地方工作部部长。到陕北后，任中共陕甘省委书记、中央党校校长、陕北公学校长、中央西北工作委员会秘书长、陕甘宁边区政府秘书长。抗战胜利后，协助周恩来在重庆等地开展革命统一战线工作。曾任中共中央城工部部长、统战部部长。中华人民共和国成立后，继续担任中共中央统战部部长，并历任全国政协秘书长，政务院秘书长，国家民族事务委员会主任，第一、二届全国人大常委会副委员长，第二、三、五届全国政协副主席。是中共第四、六、八届中央委员，第五届中央政治局委员。1979年任中共中央统战部顾问。1982年当选中共中央顾问委员会副主任。著有回忆录《回忆与研究》，有《李维汉选集》。

## 远渡重洋，舍身"求法"

　　共和国的缔造者毛泽东主席有一首抒发伟大理想的词，历来为人称道，它就是《沁园春·长沙》：

　　独立寒秋，湘江北去，橘子洲头。看万山红遍，层林尽染；漫江碧透，百舸争流。鹰击长空，鱼翔浅底，万类霜天竞自由。怅寥廓，问苍茫大地，谁主沉浮？

　　携来百侣曾游，忆往昔峥嵘岁月稠。恰同学少年，风华正茂；书生意气，挥斥方遒。指点江山，激扬文字，粪土当年万户侯。曾记否，到中流击水，浪遏飞舟？

　　李维汉正是这首词中所写的"恰同学少年，风华正茂"中的一个。出生于1896年的他，比毛主席小三岁。他的家乡湖南省长沙县八斗冲，距离毛主席家乡湘潭县韶山冲也仅仅140公里。

百余年前，随着帝制的覆灭，中国人民似乎看到了希望。但北洋政府的血腥统治并没有给中国百姓的生活带来实质上的改变。各级官僚压榨人民，巧取豪夺，无所不用其极；军阀连年混战，土匪横行；天灾人祸频频发生，人民卖儿鬻女，流离失所；列强趁机侵略中国，各自掠夺好处。中国在半殖民地半封建社会的悲惨深渊中越陷越深。每一个有良知的中国人，都断断不忍心看着祖国被自己的政府欺瞒，被外敌凌辱。

李维汉在这样的时代大潮中焦虑、苦闷不已，常常陷于长久的深沉思索。中国这艘古老的巨轮将如何冲出贫穷落后的黑暗风暴，驶向繁荣富强的温馨港湾？世界大变局之中，中国向何处去？

"问苍茫大地，谁主沉浮？"那些进步的青年人是最早的觉醒者，也是最清醒的思考者。

1918年4月14日，岳麓山下，正是春暖花开的时候，阳光很灿烂，微风很轻柔。青年李维汉兴致勃勃地参加了一个在蔡和森家里举办的小型聚会。与会的人员大多青春年少，且个个聪明睿智，才华横溢。让我们来看看他们的名字：毛泽东、蔡和森、何叔衡、李维汉、罗章龙、萧子升、萧子暲、陈赞周、张昆弟、邹彝鼎、邹蕴真、周名弟、陈书农、叶瑞龄……这里面的许多名字，都是中国现代革命史上赫赫有名的风云人物，有的甚至成为中国共产党的创建者、中华人民共和国的缔造者。

当时，这是一群和李维汉一样，有志于改造社会、改造中国的青年。刚入读湖南省立第一师范的李维汉，为同学毛泽东、蔡和森等人敏锐的社会洞察力、远大的救国治世抱负、广博的知识和旗帜鲜明的政治态度所吸引，逐渐成为他们的朋友与知音。李维汉雷打不动地参加了每一次聚会，积极参与讨论，抨击时局，立志革命。这次，毛泽东、蔡和森等倡议，准备成立一个社团组织，李维汉首先表示支持，大家也一致赞同。李维汉对"革新学术，砥砺品行，改良人心风俗"的宗旨尤为认同。他们给这个组织起名"新民学会"，其中含有改造中国社会、唤醒民众的深意。青春年少的新民学会会员们，在第一次集会时就相约"三不谈"：不谈金钱，不谈女人，不谈家庭琐事。他们大谈时事、军国大事，谈救国救民，谈政治改良，谈唤醒民众，谈革命。这是李维汉的初心。

从此，湘江边上，橘子洲头，爱晚亭中，经常有李维汉和他的这些志同道合的同学、朋友的身影。他们为时局而深深忧虑，为国家的前途而深深忧虑，为民族与人民的苦难而深深忧虑。李维汉常常有一种迫切的使命感、责任感，觉得中国的命运和他们每个人都息息相关。他强烈地感觉到，自己这一代青年，应担当起时代和历史的责任，勇敢地挺身而出，去做一番惊天动地的、有利于国家民族的大事业。

俄国十月革命的一声炮响，给中国送来了马克思列宁主义。李维汉在迷茫的道路上似乎看到了一座指引方向的灯塔，俄国的道路也许是中国应走的道路。李维汉和其他新民学会会员们不约而同地萌发出一个强烈的渴望——走出去，看世界。

　　正在大家焦虑、迷茫的时候，杨昌济先生的来信不啻一束照穿夜色的星光，给大家指明了道路。原来北京有人正在组织有为青年赴法勤工俭学，正在北大任教的杨先生，想起他在湖南省立第一师范的学生，特别写信传达了这一信息。李维汉敏锐地发现，这是一个难得的拓宽视野、学习成长的机会。可是遥远的路途、昂贵的旅费让出身于贫寒乡村家庭的李维汉无力承担。毛泽东、蔡和森知道这是大家的普遍情况，于是号召新民学会的同学全力行动起来，利用各自的关系，募集经费。李维汉为此还回到老家，找亲戚朋友帮忙。经过几个月的奔波、求告，在得到蔡元培、李石曾等名士和杨昌济等乡贤的大力支持后，李维汉等同学的旅费终于凑齐了。

　　第二年，10月31日，李维汉挥手告别毛泽东，和蔡和森、李富春、张昆弟、李林等162人，搭乘一艘法国邮船从上海港出发，开启了旅法勤工俭学的征程。

　　经过海上四十来天的航行，李维汉和同学们

一起来到了法国马赛。他们一边打工一边学习语言，生活很是艰难，但李维汉是在贫穷和困难中泡大的，根本不把这点艰苦当作一回事儿。李维汉如饥似渴地学习法国先进的科学知识和技术，细细考察法国社会的方方面面。身处其中，李维汉近距离观察着、感受着、体悟着，从各方面比照国内情况，汲取经验，认真思考治理中国、振兴民族的道路。

受无政府主义影响，1920年2月，李维汉和李富春、张昆弟等人一起组建了"勤工俭学励进会"（简称"工学励进会"），主张工读主义。4月，李维汉和李富春等一群旅法留学生来到施耐德钢铁厂勒阿弗尔分厂打工。勤学肯干的他们很快就成为熟练工人，但工厂老板始终把他们当作三等工人使用。作为像学徒工一样的三等工人，李维汉的工资收入很微薄，购买书籍等学习用具后，基本只能一天吃一顿饭。大半年后，半饥半饱的李维汉难以承受钢铁厂繁重的劳动强度，好几次都累得全身虚脱。实在坚持不下去了，李维汉辞工到圣伯尼休息了一段时间。

　　通过这段半工半读的生活实践，李维汉深切感受到资本家和剥削制度的罪恶，思想上开始摆脱工读主义，转向马克思主义。他认识到，改造社会、治理中国的最终目标，就是要消灭罪恶的"人吃人"的剥削制度，创建没有剥削、没有压迫、人人平等的共产主义社会。那段时间，李维汉重点阅读了大量有关马克思主义的读物，尤其是蔡和森从法文版摘译的《共产党宣言》《国家与革命》和许多宣传十月革命的书报刊物。李维汉常常和蔡和森彻夜长谈，纵论欧洲革命形势、俄国十月革命成功经验、共产国际的性质与任务、治理中国社会的道路等。与睿智的思想交流碰撞，李维汉感到收获很大。李维汉远赴重洋，探求真理的目标有了初步的结果。他在心中一再呐喊："中国需要马克思主义！我信仰马克思主义！"远赴重洋，探求救国强国之法，至此有了着落。李维汉心中有了信仰，前进就有了方向，行动就有了无限的动力。从这时开始，李维汉成了一个坚定的共产主义者，此生不再有任何的犹疑，即使遭遇再巨大的挫折磨难，这一信仰也没有丝毫改变。

1920年7月，李维汉与一同留法的新民学会会员蔡和森、向警予等二十多人一道在小城蒙达尔纪召开会议，提出把"改造中国与世界"作为新民学会的办会方针，并围绕这个问题展开了激烈讨论。8月，在李维汉、李富春、张昆弟等人的推动下，"工学励进会"改名为"工学世界社"，社员达到了三十多人。10月，工学世界社在蒙达尔纪召开社员大会，将"信仰马克思主义，实行俄国式的社会革命"确立为办社宗旨。

1920年下半年，欧洲发生经济危机，旅法学子们的生活愈发艰难。之前倡导并组织勤工俭学运动的华法教育会突然宣布，对没有找到工作的学生停发每日五法郎的生活维持费。1921年2月28日，李维汉等人组织几百名勤工俭学的留法学子，汇集到北洋政府驻法使馆门前请愿，提出要"生存权""求学权"的抗争口号。然而，请愿活动招来了残暴的镇压。法国出动大批警察和军队，对中国学生大打出手，不少学生被棍棒、枪托打伤。此次抗议活动虽然没有达到预期目的，但也取得了一定的成果，每日五法郎的生活维持费得以恢复发放。

1921年的夏天，华法教育会的吴稚晖等人以照顾勤工俭学学生的名义向法国政府索回部分庚子赔款，筹建里昂中法大学，吴稚晖任校长。可等到大学建设完毕，吴稚晖却宣布拒绝让已在法国的勤工俭学学生入读，转而从国内的大城市招来一批官绅子弟。8月，李维汉和蔡和森、周恩来、赵世炎等人组织了留法勤工俭学学生代表大会，建立起一支一百多人的先发队，赶往里昂参加抗争活动。李维汉留驻巴黎，主要负责从各地来巴黎的人员的信息沟通和联络工作。先发队百余名同学刚刚进入里昂中法大学，就遭到和北洋政府驻法使馆狼狈为奸的大批法国警察的野蛮镇压。不久，法国政府还强加罪名，强行将蔡和森、张昆弟、李立三、陈毅等一百余名学生遣送回国。

李维汉因为没有直接参与占领里昂中法大学的活动，所以被"网开一面"，被训诫后继续留在法国。不久，李维汉和周恩来、赵世炎等人秘密在巴黎集会，紧锣密鼓地开展起组建旅欧中国少年共产党的工作。1922年6月，旅欧中国少年共产党在巴黎西郊布洛涅森林里正式成立，赵世炎当选为书记，周恩来被选为宣传委员，李维汉担任组织委员。

这年年底，李维汉奉命回到中国，代表旅欧中国少年共产党，向中共中央汇报在法革命活动情况，并办理集体加入中国社会主义青年团等事宜。回国后不久，经毛泽东、蔡和森介绍，李维汉成为中国共产党最早的一批党员之一。

## 掀起工农运动高潮的卓越领导者

归国不久，正在熟悉国内革命情况的李维汉突然接到中共中央的任命，立即回到湖南，接任中共湘区执行委员会书记。

中共湘区执行委员会的前任书记是他的老朋友、老同学毛泽东。李维汉感受到很大的压力。毛泽东知道继任者是李维汉以后，特意留在长沙等待他的到来。和阔别近四年的毛泽东重逢，李维汉既高兴又激动。他又可以当面聆听他所敬爱的新民学会发起者的真知灼见，为自己解惑排疑。他像信任、敬重蔡和森一样信任、敬重毛泽东，一直把毛泽东当作兄长对待。有了毛泽东前期打下的工作基础，一向沉稳干练的李维汉将革命工作迅速铺展开，并且很快有了起色。

从此时直到1927年4月，李维汉没有再"挪窝"，一直主持湖南的革命工作。这时候，李维汉的公开身份是长沙自修大学补习学校教务主任，同时担任湖南省立第一师范学校国文教员。他尽可能利用这些公开身份秘密开展革命活动。他以扫盲并普及群众文化知识的名义，通过举办夜校和读书班、自编讲义、组建社团、发行刊物、印发识字小册子等形式，宣传马克思主义，吸引了一批批进步青年参加活动，引领他们走上革命道路，并从中发现革命人才，加以培养。李维汉有意识地主要在工人中发展党员，他利用自己"一师"教员的身份，选择工人人数较多的大厂，为他们进行文化补习。李维汉深入长沙铅印厂、湖南第一纱厂、长沙面粉公司，和工人们打成一片，被工人们亲切地称呼为"我们的李老师"。李维汉在这些工厂举办文化夜校，普及马克思主义常识，教导工人认清资本家剥削的实质，在提高工人文化知识水平的同时唤醒他们的政治觉悟，并从中发现、培养入党积极分子，建立基层党组织。

李维汉和何叔衡等人一起创办《湘江》半月刊，后又创办《新民周报》并亲自担任主笔，仅一年时间就发表近八十篇文笔清新、见解深刻、思想鲜明的文章，大力普及马克思主义，揭露反动军阀祸国殃民的罪恶行径，痛斥帝国主义的侵略实质，详细介绍工人运动的斗争方式、方法并总结经验教训，鼓励广大青年积极行动起来，积极投身改造社会、改造中国的革命实践。

1926年初，遵照中共中央指示，李维汉领导中共湖南区委与向广州国民政府靠拢的湘系军阀唐生智秘密谈判，订立合作协议，选派农民运动特派员到县、到乡组织农民协会。这一年初夏，北伐军进兵湖南，此时湖南各地的农会已经发展到约二十万会员，但还处在秘密状态。李维汉代表中共湖南区委向各地农会下达了全力支持北伐军的命令，发动广大农民踊跃支援北伐军。湖南各地农会开始公开活动。他们选派精干的农会干部给部队带路，汇报敌情，并组织担架队帮助运送伤员，组织运输队运送弹药和补给。相反，他们对北洋军阀的军队则采取坚壁清野的方式，为其行军制造障碍。北伐军得到湖南地区的中共党组织以及党领导下的工人、农民的大力支持，很快就在湖南全境取得了军事上的全面胜利。

李维汉带领中共湖南区委，从省城到县、乡、村各级都普遍建立起农民协会，领导湖南农民开展轰轰烈烈的革命活动，使湖南成为全国农民运动的中心。

此时，李维汉已经成长为工农运动的卓越领导者。

北伐刚刚取得初步胜利，未曾想蒋介石在上海、许克祥在湖南、汪精卫在武汉就相继背叛革命，疯狂屠杀共产党人。一时间，到处腥风血雨，革命形势岌岌可危。

依据共产国际的指示，已经调到中央工作的李维汉与张国焘、周恩来、李立三、张太雷组成中央临时政治局常务委员会。为挽救革命，1927年8月7日，李维汉与瞿秋白在汉口主持召开紧急会议（史称"八七会议"），结束了陈独秀右倾机会主义在中央的统治，通过了土地革命和武装反抗国民党反动派屠杀政策的总方针，并把发动农民举行秋收起义作为当时党的主要任务。

中国革命从此开始由大革命失败到土地革命战争兴起的历史性转变。

## 临危受命，平反冤案

1935年10月，中央红军到达位于陕甘革命根据地边缘的吴起镇。在那里，党中央在与当地干部的交流中得知了一个惊心动魄的消息：陕甘革命根据地的肃反运动正陷入严重错误的泥潭，包括陕甘红军和陕甘革命根据地创始人刘志丹在内的一大批党政军干部已被逮捕、关押，有的还被杀害。整个陕甘革命根据地正处在"左"倾教条主义的狂风暴雨之中。如果错误肃反得不到纠正，其引发的政治动荡将造成陕甘革命根据地红色政权的崩溃。

情况危急，中共中央派李维汉与贾拓夫率领先遣队一百余人，携带电台，极速前进，寻找陕甘红军和刘志丹。他们同时派出多个小分队，分头寻找。这种撒网式寻找很快就有了进展。在甘泉下寺湾，李维汉见到了中共陕甘晋省委副书记郭洪涛，得到了陕甘苏区正在进行错误肃反的确切消息，更知道了刘志丹等主要干部已被拘捕并将被分批处决的消息。李维汉内心无比焦急，当即通过电台紧急联系中共中央，迅速汇报了这一危急情况。很快，中央电文传来了，要求迅速停止陕甘苏区的肃反，立即停止逮捕，停止审查，停止杀人，一切听候中央来解决。

　　几天后，党中央、毛主席来到下寺湾，听取了郭洪涛和西北军委主席聂洪钧的汇报。党中央决定派时任中央组织部部长的李维汉与张闻天、博古、刘少奇、邓发、董必武一道火速前往陕甘红军驻地瓦窑堡，传达了中央的指令，及时化解了危机，缓和了气氛，也稳定了陕甘苏区的局面和人心。之后，李维汉参与了对有关肃反问题的审查与纠正工作，宣布加诸刘志丹等一百余名红军将士身上的所谓"AB团""国民党特务"等帽子都是莫须有的罪名，所有被错误关押的人员全部无罪释放，并恢复职务，回原单位工作。

陕甘人民发自内心地感激毛泽东挽救了陕甘革命根据地，也情不自禁地感激第一时间不顾个人安危，赶来传达中央命令的李维汉等人。

在革命的峥嵘岁月里，李维汉的工作始终繁忙而沉重，他就像一只勤劳的工蜂，不知疲倦地忙碌着。

1984年，李维汉逝世，《人民日报》刊发了《李维汉同志生平》，称赞道："他对革命工作，一贯积极、严肃、认真、负责，一丝不苟，奋不顾身，真是鞠躬尽瘁，死而后已。"

"生而益民，死而谢民"

——刘志丹

# 刘志丹（1903年10月4日—1936年4月14日）

中国无产阶级革命家、军事家，陕甘红军和陕甘革命根据地创始人，中国工农红军高级指挥员。名景桂，字子丹、志丹，陕西保安（今志丹）人。1921年考入陕北联合县立榆林中学，组织领导学生运动。1924年冬加入中国社会主义青年团。1925年春转为中国共产党党员。黄埔军校第四期毕业。参加北伐战争。曾任国民革命军第二集团军总政治部组织科科长、西安中山军事政治学校教官、国民军联军第四路军马鸿逵部党代表兼政治处处长。1928年4月参与领导渭华起义，任西北工农革命军军事委员会主席。1929年春，任中共陕西省委候补委员、中共陕北特委军委书记。1931年10月起，先后任西北反帝同盟军（不久改编为中国工农红军陕甘游击队）副总指挥、总指挥，陕甘边红军临时指挥部副总指挥兼参谋长，陕甘红军第二十六军第四十二师参谋长、师长，中共陕甘边军事委员会主席，西北军事委员会主席兼前敌总指挥，红十五军团副军团长兼参谋长，红军北路军总指挥兼第二十八军军长和瓦窑堡警备司令，指挥陕甘革命根据地反"围剿"作战。1936年初率部东征。4月14日在山西中阳三交镇战斗中牺牲。

无论何时，你一踏上广袤无垠的西北黄土高原，就总能听到那高亢嘹亮的陕北腔调信天游。在歌词中，有一个人的名字，总是反复被唱响。尽管这个人离开我们已经快九十年了，可是人们依然在缅怀他，歌颂他：

> 正月里来是新年，陕北出了个刘志丹，
>
> 刘志丹来是清官，他带上队伍上横山，
>
> 一心要共产。

刘志丹，无产阶级革命家、军事家，深受陕甘军民爱戴的西北红军创始人。在陕西、甘肃，甚至在全中国大地上都流传着许多关于他的传奇故事。人们把他的故事录入史书中，写进长篇小说里，编唱了六百多首民歌来赞颂他、怀念他，还把他出生的保安县改名为志丹县。

毛泽东称他为"群众领袖，民族英雄"。

周恩来更是满怀崇敬之情赞誉他："上下五千年，英雄万万千，人民的英雄，要数刘志丹。"

朱德称他为"红军模范"。

和刘志丹在创建陕甘革命根据地时结下深厚革命情谊的习仲勋，多年后回忆这位老领导时说："志丹同志虽然比我长十岁，但我和他在一起工作时，却感到他是一位很好相处的同志，随和的好导师、好领导，也是好朋友、好兄长。他的确是一位光辉四射的革命家。"

美国记者埃德加·斯诺在《西行漫记》中称刘志丹是"现代侠盗罗宾汉"。埃德加·斯诺的夫人海伦·斯诺也说："我没能见到刘志丹，但是，当我在延安同人们谈起他时，人们对他的崇敬和爱戴也深深地感动了我，他的确是中国现代史上的一位杰出的人物。"

刘志丹到底是怎样一位传奇的英雄人物呢？

## 救国救民，艰难求学路

刘志丹于1903年10月4日出生在陕西省保安县金丁镇芦子沟村，这保安县就是现在的志丹县。这地方是陕北黄土高原上典型的穷山沟，好在刘志丹的爷爷是清末秀才出身，有点文化，做过私塾老师，还兼做一些小生意。童年刘志丹在爷爷和父亲手把手教导下发蒙认字，背书温经，系统地接受了传统文化教育。在学习的同时，刘志丹还要参加劳动，做一些力所能及的农家活计。放羊牧牛，打柴挑水，锄地播种，浇水施肥收庄稼，小志丹样样都干得有模有样。但凡有点空闲，他就缠着爷爷和那些雇工给他讲故事。小志丹特别喜欢听闯王的传奇：李自成从陕北起兵造反，高举闯王大旗，逼得崇祯皇帝上吊自杀。他还喜欢听范仲淹在陕北戍边的故事，以及"先天下之忧而忧"的千古名句。刘志丹小小的心里渐渐生出一种横刀立马、纵横驰奔，为天下人争一个富强、自由、公正的盛世的豪情。

刘志丹第一次接受真正的新式教育，是在十三岁进入保安县永宁山县立高等小学堂就读的时候。他在那里遇到了一个叫李子才的老师。这位思想先进的老师向他们传播革命的思想，介绍孙中山的三民主义等。李老师的教导对刘志丹而言是一场政治思想的启蒙，让他渐渐萌生了为天下穷苦人谋幸福的思想胚芽。

三年后，高小毕业，刘志丹雄心勃勃地要去陕北重镇榆林报读陕北联合县立榆林中学，但遭到只希望儿子继承家业、传宗接代、平平安安过一生的父亲的反对。父亲浇灭了他继续深造、救国救民的念头。1921年5月，刘志丹在万般无奈下同意了父亲的安排，按照当地习俗结婚了。但夫唱妇随的小日子并不能熄灭刘志丹心中的理想之火。经过不懈的恳请，父亲终于拗不过倔强的儿子，点头同意了他一心上进的诉求。

新婚没多久，刘志丹就告别妻子，怀揣东拼西借好不容易凑到的几十块银圆，步行五六百里地，来到榆林。榆林自古以来就是陕北的重镇，是当地政治、经济、文化、军事的中心，而当时的榆林中学也不简单，它是陕北二十三个县的最高学府，是陕北传播新文化和新思想的摇篮。来到榆林中学，刘志丹如鱼得水。沐浴着民主思潮的和风细雨，他一边细细聆听着先生们的谆谆教导，一边废寝忘食地阅读《新青年》《向导》等进步书刊。刘志丹的眼前豁然开朗。

当时，距清王朝覆灭已有十年，然而，北洋政府统治下的旧中国却混乱不堪，军阀割据，兵连祸结，资产阶级共和国方案不能救中国。刘志丹目睹了黄土高原上太多"朱门酒肉臭，路有冻死骨"的惨象，救国救民的理想在心中奔腾多时，只是始终没有找到宣泄的方向和奔流的途径而已。而现在，马克思主义如黑夜中的北斗星，为迷茫的刘志丹指明了求索之路。不久，刘志丹成为陕北第一批中国社会主义青年团团员。第二年，刘志丹实现了加入中国共产党的夙愿。刘志丹的革命理想之火终于熊熊燃烧起来。

刘志丹自幼生活在民风刚烈、旷达尚武、淳朴尚义的陕北高原，性格中难免有许多剽悍豪气的陕北味儿，此时自然升腾起万丈雄心。但他深深知道，救国救民、改造世界的道路实在不容易走。这天，他登上了榆林最高处，俯瞰山野城乡，胸中豪迈之情不由勃发，一首激情澎湃的《爱国歌》随风飘向原野：

> 黄河两岸，长城内外，
>
> 炎黄子孙再不能等待。
>
> 挽弓持戈，驰骋疆场，
>
> 快！
>
> 内惩国贼，外抗强权，
>
> 救我中华万万年。

"有文事者，必有武备。"离开家乡前爷爷赠送给他的这句孔子的名言，再次浮现在他的脑海。是呀，革命是残酷的、长期的斗争，光有诗书礼乐等文德教化是远远不够的，还需要懂得军事常识，具备武装斗争能力，能打仗，会打仗。何况，对付军阀，没有自己的军队怎么行呢？

正在这个时候，黄埔军校在陕北招生的消息传到了榆林，刘志丹非常高兴地接受了组织的选派，兴冲冲地赶到广州，凭着优异的成绩被录取为黄埔军校第四期新生，先被编入步兵科第一团第二连，不久转到炮兵科学习。报名的时候，他特地把自己的字"子丹"改成了"志丹"，那是因他追慕文天祥，改字以明示自己"留取丹心照汗青"的志向，誓言自己赤心为党，奋斗终身。

从此，刘志丹终于踏上一条艰难坎坷的救国救民的求学之路。这也是一条让他的人生实现根本性转变的"武备"之路。

## 屡仆屡起，坚忍血战史

那时候，国共两党第一次合作，中国革命风起云涌，形势大好。尤其是广州，更成为大革命的中心和策源地。刘志丹从广州黄埔军校毕业后，跟随国民革命军东路军一路北伐，势如破竹，直捣江西吉安。

这时候，刘志丹突然接到组织命令，赶赴冯玉祥的国民军联军总部从事军政工作。刘志丹被授予少将军衔，前往宁夏固原国民军联军第四路军马鸿逵部任党代表兼政治处处长。马鸿逵初见刚刚二十三岁的刘志丹，觉得他看起来精瘦文弱，像个书生，于是躺在炕上抽旱烟，爱搭不理的。可刘志丹一开腔，就让马鸿逵一惊，感觉这小伙子不简单。刘志丹也不寒暄客套，而是单刀直入说明来意，话里软中带硬，柔中有刚，有理有据。之后，刘志丹才拿出冯玉祥给马鸿逵的亲笔信。早就接到任命电文的马鸿逵本来是想给这新来的黄埔高才生、年轻的少将一个下马威的，没有想到见面后被这年轻人一番言语震慑住，心中虽有些不快，但也只能做出一副赞叹的模样。马鸿逵赶紧起身，给年轻的将军做介绍、说情况，表示欢迎和支持。

马鸿逵的部队说起来是一个整编制的军，其实也就几千人马，当官的大多姓马，非亲即故。

吃饭领饷时人多得黑压压一大片，真正上阵打仗时就只有稀稀拉拉几百人。刘志丹一来就和士兵们吃住在一块，不几天就同大多数士兵和低级军官混得精熟。刘志丹是持着冯玉祥的尚方宝剑来整顿部队的，他打算从基层士兵着手。全面了解部队情况后，他心中有了全盘的整顿计划，于是立马找马鸿逵商量。刘志丹说："我们军的士兵剽悍、勇敢，但军纪松弛，军心涣散。不从速整顿，部队的战斗力很难让人满意呀。"马鸿逵家族三代人带兵，实际上非常清楚自己军队的情况，但他自己是旧军人出身，哪里懂得在新式军队里统军治兵的方法，正需要刘志丹这样的治军人才。此外，马鸿逵心怀鬼胎：这支军队实际上是他的私军，他想趁此机会提高其战斗力，好在将来扩张自己的势力。所以马鸿逵听到刘志丹的话，正中下怀，连忙假意逢迎："那就请刘代表辛苦了。从现在开始，第四路军就交给你全面整顿了。"

刘志丹在营、团、旅、师、军都设立起政治

训导机构，加强军人的思想教育；建立了士兵委员会，让士兵参与军队建设，建立平等的新型官兵关系；严格军风军纪，坚决惩办了马鸿逵表弟的违纪行为，起到了杀一儆百的震慑作用；开展军事训练时，刘志丹带头训练，射击、操炮、前进、后退、制作陷阱、埋设炸药等各个项目更是亲自示范，讲解又通俗易懂，官兵们大为佩服，无不交口称赞。经过短时间的整顿训练，国民军联军第四路军焕然一新，战斗力大大提升。不久，整顿后的国民军联军第四路军出征西安，一番激战，击溃了反动军阀刘镇华，一举解除了西安之围。此时，二十三岁的刘志丹在国民军联军中已经是无人不晓。

正在刘志丹想要大展宏图，力争将这支马家军变成革命军时，风云突变，北伐军总司令蒋介石突然背叛革命，大肆捕杀共产党人。西北冯玉祥紧随其后，也开始了反共"清党"行动。刘志丹等三十二名共产党员被扣押在一节火车车厢里，被"礼送"到武汉去——冯玉祥想要借汪精卫之手杀掉这批共产党员。幸运的是，辗转运送途中，刘志丹等人趁着火车燃料耗尽，换车头重新挂车厢时守卫松懈的机会，全都逃了出来。

大难不死的刘志丹偷偷回到家乡，联系上组织后，被安排到驻地在陕西洛南的国民革命军第八方面军新编第三旅。新编第三旅的旅长许权中是共产党员，刘志丹在那里任司令部参谋主任，积极准备渭华起义。

1928年4月底，刘志丹和唐澍一道，率领新编第三旅大部分官兵，趁李虎臣、冯玉祥两个军阀混战的时机正式宣布武装起义，建立了西北工农革命军，刘志丹担任西北工农革命军军事委员会主席。5月，渭南、华县万余农民在中共陕东特委领导下先后起义。但西北革命形势依然十分严峻。这时候，西北新旧军阀结成联盟，近十万人马从四面八方向刘志丹部扑将过来。敌人的兵力十倍于我，刘志丹指挥部队进行了顽强的抵抗，血战几天几夜，革命军队损失惨重。共产党员出身的军官大多壮烈牺牲，只有刘志丹和谢子长率领少部分人马突出了重围，分散隐蔽起来。

渭华起义失败后，刘志丹暗暗回到陕北老家，利用结拜兄弟、同学朋友、老乡等关系进入地方驻军以及县乡民团中，进行兵运活动。

什么是兵运呢？兵运是士兵运动的简称，就是共产党员到国民党军队中去，通过一系列策反宣传，争取国民党官兵起义，从而培植革命的军事力量。党在1927年的八七会议上就正式提出："要在兵士及下级士官中实行广大的工作，使军队之中亦有反抗反革命的支柱。"1928年党的六大进一步强调了兵运的重要性。当时刘志丹回陕北就是受中共陕西省委派遣，任陕北特委军委书记，贯彻党的六大精神，领导陕北和陕甘边的兵运工作。

当时，刘志丹把这种做法叫作"借水养鱼"，是他的"红、白、灰三色"建军方略中的"白色"方略。这种兵运工作要求他打入国民党军队中，通过联络中下级军官和士兵，开展秘密活动，待机起义，从而发展培植党的武装，其危险程度可想而知。

两年来，刘志丹先后策划了大大小小七十多次"兵变"，屡战屡败，屡败屡战，倔强得像荒原野草，"野火烧不尽，春风吹又生"。无数次被捕，受伤，但他总能死里逃生，卷土重来。刘志丹从无数次失败中总结出经验：必须要有革命的根据地，革命军队才能在军阀林立、民团遍地的陕北形成武装割据，独立一方。

那无数次失败的"兵变"也培养了众多的革命中坚力量。1931年秋，在陕甘交界处的南梁，刘志丹一声令下，高举起陕甘红军游击队大旗，那些革命的中坚力量纷纷闻讯而来，团结在这面大旗之下，跟着他们每天念叨的"老刘"，开始了创建以南梁革命根据地为中心的三路游击区的艰苦斗争。

有了南梁这个革命中心后，刘志丹在谢子长、阎红彦、习仲勋等的协助下，依托桥山山脉，一边率军开展游击战，清剿十恶不赦的土匪及民团，攻占周边的村寨乡镇，击退胆敢来犯的国民党军；一边发动群众，普遍建立起苏维埃政府，组建赤卫队、地方游击队等地方革命武装。革命的武装在战斗中越来越壮大，以南梁游击队为基础，他们建立了中国工农红军第二十六军，拥有五千余人的战力，游击队也发展到四千余人，并粉碎了国民党军的第一次"围剿"，开辟了陕甘边革命根据地，建立了以习仲勋为主席的陕甘边苏维埃政府，刘志丹任军事委员会主席。

与此同时，谢子长也率领陕北红军游击队开辟了陕北革命根据地，建立了陕北省苏维埃政府。但此时的陕甘边革命根据地和陕北革命根据地之间仍未打通，尚有国民党的军队横亘在中间。为了扼杀革命的火种，国民党军又气势汹汹地发动了对革命根据地的第二次"围剿"。此时就任西北军事委员会主席兼前敌总指挥的刘志丹指挥两个根据地的红军协同作战，又一次粉碎了敌人的"围剿"，并趁势打通了陕甘边、陕北两个革命根据地，形成了陕甘革命根据地。

至此，巩固的陕甘革命根据地初具规模，下

辖二十三个县，方圆几百里，人口约一百万。这在当时是多么不容易，又是多么意义重大呀！那时候，南方的闽浙赣苏区、鄂豫皖苏区等因第五次反"围剿"失利而全部被敌人攻占，中央红军及其他各主力红军都已经在长征途中。而刘志丹等领导的西北红军却在人口较少、物产也十分贫瘠的陕甘地区创建出一片相对稳固的苏区，为红二十五军和红一、二、四方面军的长征提供了落脚点；为党中央最后落脚于此，并把革命的大本营设置在陕北，进而领导全国革命走向全面胜利，建立新中国，打下了坚实的基础。

## 捐躯国难，耿耿赤子心

刘志丹率领西北红军连战连捷，粉碎了敌人的两次"围剿"，将陕甘革命根据地连成一片，将陕甘苏区建设不断推向高潮。就在这关键时刻，受党内王明"左"倾路线的影响，陕甘革命根据地发生了错误的肃反运动，刘志丹等一大批党政高级干部和基层骨干力量被拘捕起来，有的还惨遭杀害。这时候，刚刚到达陕甘的党中央和毛主席听闻消息后，急忙派遣中央工作小组，严厉制止了这一错误的肃反行动，从刀下救出了刘志丹等人。

刘志丹重获自由后，担任了红二十八军军长，奉命挥师东征，以打通抗日路线。

1936年4月13日夜，围攻军事重镇——三交镇的战斗打响了。三交镇是黄河边的一个交通军事重镇，当时属于山西省中阳县，现在已划归柳林县。当时驻守三交镇的是阎锡山属下第二〇八旅，旅长陈长捷。这个部队是阎老西的主力部队之一，火力配备很强，战斗力不差，而且在三交镇一带布防很久，攻防设施完备且坚固。

激战到第二天中午，红军战士在刘志丹的指挥下已经基本控制了这个镇周围的大部分阵地，但是狡猾的敌人不甘心失败，将剩下的所有兵力集中到东北方向的一座山头，依托坚固的工事，居高临下，负隅顽抗。红军缺少重炮等攻击型武器，靠人力运送自制集束手榴弹和炸药包，抵近炸毁敌人的碉堡及重机枪工事，不但牺牲很大，而且直到中午还是没有能够攻下山头。刘志丹在军部指挥所待不下去了，留下政委宋任穷继续指挥全军，依然像以往一样，仅仅带着一个警卫员、一个特派员、一个作战参谋，亲自来到距敌军阵地不足三百米的阵地前沿。因为是攻击态势，前沿并没有战壕掩体，刘志丹找到一个长有一棵小树的山包包，趴伏下来，拿起望远镜，仔细观察地形地势及红军进攻的情况。这时候，战斗正在激烈地进行，子弹呼啸着在刘志丹身边飞来飞去，远远近近的黄土地上不断冒起子弹击起的青烟。刘志丹不顾警卫员的劝阻，依然非常镇定地观察着战斗情况，并不时让作战参谋记录下敌我双方的火力配置情况。刘志丹对随后跟来的一团团长说："现在阻挡我们前进的是那挺重机枪，马上组织两组突击队，一组隐蔽着前进，一组压制并吸引火力，务必将这个机枪火力点端掉。"一团团长听到命令后，马上组织突击队，再次向敌人阵地发起了冲锋。刘志丹趴伏在山包后继续观察着情况。也许是因为前面的小树挡住了一些视线，也许是觉得视野还不够开阔，观察不到更多的地方，刘志丹突然不再趴着，而是直起了身子，几乎完全站了起来。他忘记了危险，把自己完全暴露在敌人的火力面前。他终于能够完全看到红军战士们勇敢冲锋的身姿。刘志丹攥紧拳头，为战士们暗暗加油。就在这个时候，一颗罪恶的子弹带着疯狂的呼啸声，击中了刘志丹的左胸。刘志丹被子弹冲击得几乎要摔倒，但顽强的毅力让他只是晃了晃，并没有马上倒下。鲜血如泉水般从胸口涌出，浸透了上衣，刘志丹呼吸越来越急促，但他并没有闭上眼睛，而是紧紧盯着身边的同志们说："让宋政委……指挥部队，赶快消……灭敌人……"说完这些话，刘志丹已经用尽了所有的力气，当他被抬到军部指挥所，宋任穷政委飞跑着赶到他身边时，无论同志们怎么呼唤，都再也唤不醒他们的军长了！

刘志丹牺牲在战场上，年仅三十三岁。他用赤胆忠心践行了自己的入党誓言："加入党，就要为共产主义信仰奋斗到底。作为个人来说，奋斗到底就是奋斗到死。"东征前与妻子离别时，刘志丹说："我要生而益民，死而谢民。"他做到了。

毛泽东惊闻刘志丹牺牲的噩耗，难过了很久，沉痛地说："我到陕北只和刘志丹同志见过一面，就知道他是一个很好的共产党员。他的英勇牺牲，出于意外，但他的忠心耿耿为党为国的精神永远留在党与人民中间，不会磨灭的。"

后来，在大大小小的会议上，毛泽东多次提到刘志丹："一个人死了开追悼会，群众的反映怎样，这就是衡量的一个标准。……刘志丹同志牺牲后，陕北的老百姓伤心得很，这说明他是真正的群众领袖。"

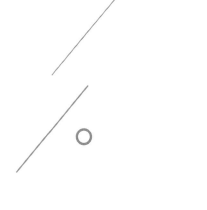

"生做中国人的唯一责任是救国"

——彭湃

## 彭湃（1896年10月22日—1929年8月30日）

中国无产阶级革命家，海陆丰革命武装和革命根据地创建人。名天泉、汉育，广东海丰人。1917年赴日本早稻田大学读书。1921年回国，不久加入中国社会主义青年团。同年任海丰县教育局局长。1923年创建海丰县总农会，任会长。1924年参加创办广州农民运动讲习所，任第一至第五届主任。8月建立并任广东农民自卫军总指挥。同年转为中国共产党党员。曾任中共广东区委委员、海陆丰地委书记，广东省农民协会副委员长，国民党中央农民部秘书。后到武汉中央农民运动讲习所工作。1927年参加南昌起义，任中共前敌委员会委员。后任广东东江农民自卫军总指挥。参与组织海陆丰起义，创建海陆丰革命根据地。后任中共东江特委书记、广州苏维埃政府人民土地委员、中共中央农委书记、中央军委委员兼江苏省委军委书记。是中共第五、第六届中央政治局委员。1929年8月24日在上海被国民党当局逮捕，30日在上海龙华就义。主要著作编为《彭湃文集》。

　　现在给大家讲一个故事，故事的主人公叫作彭湃。他出身于一户大地主家庭，是最被看重的"四少爷"，家里田地房产等资产巨万，奴仆成群；他天资聪颖，学业优秀，毕业于日本名校早稻田大学，前途一片光明。但这个本可以养尊处优地过着奢华生活的"少爷"，偏偏见不得人间的苦难，不忍心看到百姓受贫穷之苦，不能容忍政府的腐朽，而毅然决然地和自己的地主家庭决裂，走上了救国救民的革命道路，成就了"中国农民运动大王"的美誉。这个地主阶级的"逆子贰臣"，穷苦农民的"菩萨救星"，到底是个什么样的人呢？让我们怀着崇敬之心慢慢走近他吧。

# 远渡东洋，寻求救国救民的真理

　　1896年10月22日，彭湃降生在广东省海丰县城龙津溪畔的一个工商大地主家庭。祖父给爱孙起名汉育，乳名天泉。要问彭湃家到底多有钱？他家的田地一眼望不到边。有人夸张地形容说，乌鸦累死也飞不出彭家的田。但"四少爷"彭湃却并不觉得自家富有有什么了不起，心中反而总是惴惴不安。小小的彭湃常常为那些雇工、佃户、长工挨饿受穷而难过不已，为父亲带着大哥催缴租谷时农民的苦苦哀求而心酸不忍。他不明白，凭什么农民们没日没夜地忙碌劳作却依然衣不蔽体，食不果腹；自己家上上下下几十口人肩不能扛、手不能提，四体不勤、五谷不分，却衣食无忧。这明明是天大的不公，人们却习以为常。彭湃下决心要弄明白这事情，他要改变这样的不公，把贫穷的农民拯救出苦海。

　　怀抱着这个执念，1917年6月，他来到了日本东京，先在成城学校读预科，翌年考入早稻田大学，特意选读政治经济科。一到东京，他就将自己的名字改为彭湃，要求自己澎湃如海，容纳万物，洗涤尽黑暗社会的污泥，冲刷出一个喷薄而出的崭新太阳。

这时候，日本笼罩在军国主义思想的阴云之下，极端民族主义情绪助长了日本人的帝国野心，日本军国主义政府加快了吞并中国的步伐。1919年巴黎和会上，世界列强无视中国主权，将一战前德国在山东的特权转交给日本，消息传到东京，引发了彭湃等留日学生的怒火。与此同时，日本政府明知道5月7日是留日中国学生心中的国耻日①，却故意选择这天给日本皇太子举行喜庆满满的冠礼。留日学生们认为这是赤裸裸的羞辱，都感觉悲愤难当。于是，彭湃就组织同学们分成小组，先后十余批次前往世界各国驻日使

---

① 1915年5月7日，日本向袁世凯政府发出最后通牒，限后者在48小时内接受妄图灭亡中国的秘密条款"二十一条"；5月9日，袁世凯除对第五号条款声明"容日后协商"外，均予承认。5月7日和5月9日自此被中国人民视为国耻日。

馆，传送宣言书，表达抗议，呼吁抵制。之后，彭湃和同学们在一个公园聚集，准备上街游行示威，进行抗议活动。可还没有等到所有同学集合完毕，突然大批警察气势汹汹地扑向这些手无寸铁的中国留学生，大打出手。彭湃看着身边的同学纷纷受伤倒地，看着凶恶的日警将十来个同学生拉硬拽地拖走了，心痛如绞。他不顾身上的剧痛，扯下自己的白色衬衣，咬破手指，用鲜血写下"毋忘国耻"四个触目惊心的大字。

流血与牺牲没有吓倒彭湃，反而进一步坚定了他探索救国道路的信念。这时候，学校里一个致力于研究民主主义与社会主义、解决农村问题的进步学生团体——建设者同盟，引起了他的关注。这个团体的活动宗旨为"建设最为合理的新社会"，和彭湃的理念不谋而合。彭湃很快就成为这个团体中最为活跃的成员，他尤其拥护其"到农民中去"的理念，积极参与其实践活动。不久，彭湃又以早稻田大学为基地发起组织赤心社，邀请更多的志同道合者一起较为系统地阅读研讨马克思列宁主义著作。彭湃的初心和社会主义的思想渐渐和谐地律动起来。

此时此刻，彭湃已经彻底埋葬了基督的"泛爱"、克鲁泡特金的无政府主义以及一切不切实际的救国幻想，他的内心澎湃着一个即将惊天炸响的春雷，这就是：只有共产主义，才能救中国。

## 到农民中去，践行社会革命之路

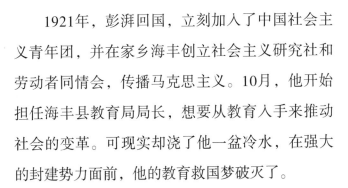

1921年，彭湃回国，立刻加入了中国社会主义青年团，并在家乡海丰创立社会主义研究社和劳动者同情会，传播马克思主义。10月，他开始担任海丰县教育局局长，想要从教育入手来推动社会的变革。可现实却浇了他一盆冷水，在强大的封建势力面前，他的教育救国梦破灭了。

这时，他想到了当年在日本时参与的"到农民中去"的革命实践活动，觉得这在海丰实行起来应该更切合实际，更有效果。

　　这一天，彭湃来到了海丰乡下，见到每一个农民都热情地打招呼、问好，可奇怪的是，农民们并不怎么搭理他，反而是远远避开他，面对他的热情很惊慌地跑开。彭湃感到莫名其妙。一天的时间就这样过去了，他一无所获地回到了家中。

　　第二天，彭湃再次来到乡下，拉着一个老农不放，抛出心中的疑团。老农挣脱不开，只好一边伸出他的光脚板给彭湃看，一边嗫嚅着说："我们都是赤脚汉，你一身洋装，我们怕呀！"彭湃恍然大悟，看着自己洁白的西装、锃亮的皮鞋，不禁羞愧一笑。

　　彭湃想，革命必须从自己开始革起！第三天，他再次来到了乡下。这时候的彭湃，头戴斗笠，身上短衣短裤还打着补丁，脚上一双旧布鞋，手上还拎着一个旱烟筒，活脱脱的一个当地农民。彭湃在村子里、田野上四处转悠，和当地的村民算是混了个脸熟。这天，彭湃在村口对着野地里大喊："老虎来了！老虎来了！"农民们听到后都慌忙从劳作的田地里跑回村子，却什么也没有发现，于是将说谎的彭湃围在村口大榕树下，要问个明白。彭湃不慌不忙，跳上一块大条石，站得高高的，对大家说道："我没有骗大家，老虎真的来了。大地主、土豪们就是大老虎。他们什么也不做，却要收你们的租谷，抽你们的税费，这比大老虎更凶恶。"村民们听了，议论纷纷，"种田交租，自古依然""不交租税，要吃牢饭的""地主农户两重天，贱命贵命难改变"。村民们一边说着一边叹息着散了。

彭湃有些失望，但渐渐地，眼睛里有了一丝惊喜。他发现，有一个壮实的小伙子没有走。彭湃跳下条石，和他攀谈起来。这个人叫张妈安，赤山村人。他说："四少爷要真心为我们农民好，就要赤脚下田，和我们一起流臭汗，吃番薯。"彭湃对他说："不要叫少爷，就叫阿彭。"又说："你说的能让我真正体会农民的艰难，我一定做到。"

从这天开始，彭湃每天赤着一双脚，和农民们一起下田干活，耙田插秧，车水耘禾，挑粪施肥，样样抢着干。他和农民坐在一张桌子上吃番薯饭，也不怕饭桌上有鸡刚刚拉的屎。农民们和他越来越亲近，把他当作自己人。他们喜欢听他讲故事、聊闲天、拉家常，晚上还聚集到彭湃寄住的天后宫学文化、听演讲，看他表演魔术、吹口琴、唱文明戏。彭湃对他们说："我们农民联合起来，就不会怕地主豪绅；我们可以要求减租减税；我们农民不是天生命贱，我们的命运掌握在自己的手中；只要我们团结在一起，我们就能实现我们的愿望。"

但农民们还是半信半疑，不敢冒头，担心被地主报复。彭湃找来张妈安，对他说，要让农民起来减租抗租，需要有一个组织来牵头干。彭湃问张妈安愿不愿意参加进来。张妈安说自己铁定愿意，但光靠他一个人不够，还要多找几个，人多影响力才大。当天晚上，张妈安带着他的几个朋友，一起来到彭湃简陋的住所"得趣书室"。彭湃一看，和张妈安一起来的有四个人，个个精壮，都是二十几岁的农民，朝气蓬勃的，正是天不怕地不怕的年龄。彭湃连忙泡上当地人都喜欢却难得一喝的好茶——"鸭屎香"，边喝茶边和大家聊起建立农民自己的组织"农会"的事情。大家一拍即合，都说这样很好。彭湃早已深思熟虑，做好了充分的准备。他拿出了会徽、会旗给大家看，又拿出入会申请书、农会章程和注意事项等材料，念给大家听。大家很是兴奋，都在自愿入会及农会会员义务和责任书上按了手印，跟着彭湃对着会旗庄严宣誓。尽管全体成员包括彭湃自己在内，只有六个人，却是海陆丰第一个农会，农民运动的火种就此点燃。这几个农民的名字是：张妈安、林沛、林焕、李老四、李思贤。

五个农民会员聚在一起，纷纷给彭湃出主意，说"给农民做宣传，时间应该选择在晚上七八点钟的时候。那时候，各家各户刚刚吃完晚饭，青年人、玩得好的会串门闲聊""阿彭讲得好，但一些新词农民不懂，还要讲得更浅白些""农民要动起来，第一就是要有实惠！怎么才能让农民得到看得见的实惠呢？"……

　　大家提的问题和建议使彭湃非常兴奋。这天晚上，彭湃彻夜不眠，在日记上重重写下"成功快到了！"几个大字。他的脑海里渐渐浮现出一幅波澜壮阔的农民运动图景。

　　几天后的一个晚上，彭湃叫人通知彭家一众佃户来到他家门前。他拿出一大摞田契、地契，一个个念租种户的名字，让念到名字的人自己来验证田契的真实性，确认无误后，当即把地契扔到大火盆中烧毁。彭湃对大伙说："从今以后，这地就是大家自己的了！大家自己耕种，自己收成，自己食，以后永远不必再交租谷了！"火苗熊熊，烧毁了七十石租的田契，却燃烧起农民运动的熊熊火焰。

　　有人问，七十石租的田产是多少？在当时的海丰，一石租田相当于十亩地，七十石也就是七百亩地。那时候，一亩地的价格至少是六十块银圆，所以七百亩地值四万两千块银圆。用这些大洋，在当时的北京市区至少可以买下两座四合院。

　　"六人农会"迅速发展壮大起来，它就像初

升的太阳，辐射出万丈光芒，几年的时间就照射到海丰每一处山山水水，村村堡堡。海丰农民运动风起云涌，迅速波及陆丰、惠阳、汕头等周边地区，并以此为中心，进一步扩展到广东全省。根据后来的资料记载，截至1923年7月，广东省有农会会员134000人，各地农会也成立了农民自卫军。大革命失败后，广东海丰、陆丰农民自卫军于1927年5月和9月举行了两次武装起义，均未成功。1927年10月30日，海陆丰农民又在东江特委的领导下举行了第三次武装起义，得到了南昌起义部队余部工农革命军第二师的配合，先后占领了海丰、陆丰全境和惠阳、紫金的部分山区。1927年11月，彭湃组织领导陆丰、海丰两县先后召开了以农民为主的工农兵代表大会，宣告成立了陆丰县和海丰县苏维埃政府。这是中国革命史上最早的县级苏维埃政权。彭湃在苏维埃政府成立大会上满怀信心地预言革命的未来："不久的将来，我们一定能够推翻反动的统治，建立全国的苏维埃政权。"

　　毛泽东闻听彭湃的事迹，也是赞叹不已，高度赞誉他是"农民运动大王"。可以说，毛泽东同志后来提出的"农村包围城市，武装夺取政权"的革命道路和彭湃的农民运动实践之间存在千丝万缕的联系。

## 生作人杰，甘为理想扑火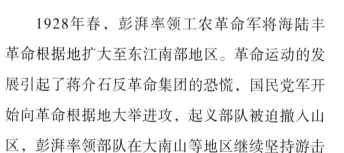

　　1928年春，彭湃率领工农革命军将海陆丰革命根据地扩大至东江南部地区。革命运动的发展引起了蒋介石反革命集团的恐慌，国民党军开始向革命根据地大举进攻，起义部队被迫撤入山区，彭湃率领部队在大南山等地区继续坚持游击斗争。

　　1928年11月，彭湃当选中央政治局委员。他化名王子安，以商人的身份悄然来到上海就任中央农委书记，后又任中央军委委员兼江苏省委军委书记。声名远播的彭湃遭到敌人重金悬赏。

1929年8月24日，因叛徒白鑫出卖，彭湃与当时一起出席中央军委和江苏省委军委联席会议的杨殷、颜昌颐、邢士贞等同志一同被捕。

因为有重要事情需要紧急处理，当时的中共中央主要负责人周恩来临时缺席了这次会议，躲过一劫。他听到彭湃和与会人员全部被捕的消息后，非常震惊，一边组织调查真相，一边安排人员开展营救行动。

中共中央特别行动科紧急行动起来，很快摸清了敌人的动向。得知敌人将于8月28日凌晨将彭湃等人押往龙华淞沪警备司令部的消息后，周恩来亲自部署，命令当时能够通知到的会打枪的同志都参加营救行动。那天天还没亮，会合地点来了二十多人。可是一个意外，造成了后来营救的失败。

负责准备枪支的同志没有及时查看刚刚买来的新枪，等到把枪送到集合地点，同志们准备拿枪出发时，才发现箱子里所有的枪都是崭新的驳壳枪，枪膛里还糊着用来防锈的厚厚的黄油，无法马上使用。等到搞到煤油，好不容易把枪洗好，已经耽误了一个多小时。心急如焚的营救队员们匆匆赶到埋伏地点，却通过先行安排在这里观察瞭望的同志得知，敌人的押送车辆刚刚过去了。

周恩来等人还想通过其他办法来营救。可是仅仅几天以后，残忍的敌人就将彭湃等人杀害了。彭湃牺牲的时候只有三十三岁。

周恩来听闻噩耗，悲愤不已。他代表党中央，含泪起草了《中国共产党反对国民党屠杀工农领袖宣言》，向全党全国人民通告彭湃、杨殷、邢士贞、颜昌颐四位烈士英勇牺牲的详情。随后，周恩来颁布命令，要求不惜代价，绝杀叛贼白鑫！1929年11月11日，躲藏了多时的叛贼白鑫刚一露面就死在正义的乱枪之下。

《中国共产党反对国民党屠杀工农领袖宣言》如此评价彭湃的一生："他这样英勇的革命斗争的历史早已深入全国广大劳苦群众的心中，而成为广大群众最爱护的领袖。谁不知广东有彭湃；谁不知彭湃是中国农民运动的领袖？"这应该是对彭湃最恰当、最公允的评价了。他探索并践行的农民运动救中国的道路，被他的同志毛泽东发扬光大。后来，沿着毛主席"农村包围城市、武装夺取政权"的革命道路，中国共产党领导全国人民最终推翻了国民党的反动统治，建立了新中国。

多年后，当代民俗学家钟敬文谈到这位令他终生敬仰的同乡和前辈先烈时说："彭湃是一个生死于理想的人。他靠理想活着、工作着，最后也为理想欣然死去。"

先前读海子的《祖国》（又名《以梦为马》），或许会有迷雾萦绕心头。听闻彭湃烈士的事迹以后，就能突然大彻大悟。海子歌颂的不就是彭湃那样的人物吗？

万人都要将火熄灭　我一人独将此火高高举起

此火为大　开花落英于神圣的祖国

和所有以梦为马的诗人一样

我借此火得度一生的茫茫黑夜

今天，历史早已经翻开了新的一页，但人们并没有忘记为了新中国而献出了生命的烈士们。当年海陆丰苏维埃政权活动的旧地，已经建成红色广场，巍然耸立着海丰红宫红场旧址纪念馆，每年有成千上万的人前来参观、凭吊。更有一首童声演唱的歌曲，常常萦绕在广场之上，清脆悦耳，引发人们无限的思念和崇敬之情：

## 彭湃颂

陈旭光 词

师江渊 曲

茫茫红海湾

巍巍莲花山

湾湾龙津河

这里是英雄彭湃的故乡

留日早稻田

归来烧田契

组织农运会

建立中国第一个苏维埃政权

只愿为消天下苍生苦

只为江山栽遍自由花


彭湃啊彭湃

你不爱富贵爱革命

为国为民立壮志

敢为革命敢断头

你是中国农民运动大王

农民运动的第一战士

"我只是沧海一粟而已"

——粟裕

## 粟裕（1907年8月10日—1984年2月5日）

中国无产阶级革命家、军事家，中国人民解放军高级将领。湖南会同人。侗族。1926年11月加入中国共产主义青年团。1927年6月转为中国共产党党员。先后参加南昌起义和湘南起义。历任工农革命军第一师连长、支队长，红军第二十二军六十四师师长，红四军、红十一军、红七军团参谋长。参加中央革命根据地历次反"围剿"作战。1934年7月起，任红军北上抗日先遣队参谋长，挺进师师长，闽浙边临时省军区司令员。抗日战争全面爆发后，任新四军第二支队副司令员，江南、苏北指挥部副指挥，新四军第一师师长兼政治委员、苏中军区司令员兼政治委员、苏浙军区司令员兼政治委员，中共苏中、苏浙区委书记，华中军区副司令员，华中野战军司令员，华东野战军副司令员、代司令员、代政治委员，第三野战军副司令员兼第二副政治委员，兼上海市军管会副主任、南京市军管会主任、南京市市长。曾指挥苏中、豫东、济南等战役，参与指挥淮海和渡江等战役。中华人民共和国成立后，任华东军政委员会副主席，解放军第二副总参谋长、总参谋长，国防部副部长，军事科学院副院长、第一政治委员，中共中央军委常委等职。1955年被授予大将军衔和一级八一勋章、一级独立自由勋章、一级解放勋章。是中共第七届中央候补委员，第八至

十一届中央委员，第五届全国人大常委会副委员长，第一
至三届国防委员会委员。1982年当选中共中央顾问委员会
常委。主要著作编为《粟裕军事文集》《粟裕文选》。

　　毛泽东说他"最会带兵打仗"；

　　刘伯承说他是"最优秀将领"；

　　解放战争时期，他指挥华东野战军消灭了蒋
介石800余万军队中的245万，占总数的30.6%，是
其他三个野战军都无法比拟的；

　　《解放日报》《人民日报》等许多权威报刊都
尊称他是"常胜将军""军中之神""军神"；

　　他是共和国开国大将之首；

　　…………

　　他是谁呢？他就是名将粟裕。

　　粟裕并非生下来就是一个名将，他本是一个
书生，却投笔从戎，在长期的战争磨炼中，在险
象环生的革命环境里，从一个普通士兵一步步成
长为我军的军中之神。

## 懵懂顽童誓做杀富济贫的剑侠

　　粟裕出生在湖南省会同县坪村乡枫木树脚村。这个地方是侗族、苗族、瑶族等少数民族聚居区域，偏僻、荒凉、落后，山多林密，交通不便，一向匪患严重，所以这里的百姓都有练武术的风气。家家户户都有长铳短枪、关刀梭镖，用来防身护家。在这样的环境中长大，粟裕潜移默化间养成了剽悍粗豪的尚武气质。

　　粟裕自幼就很聪明，父母给他取名"继业"，取字"裕"，就是希望他能继承家业，弘扬祖德，确保家族富裕绵长。但很遗憾的是，粟裕走上了和父母的期望完全相反的路。他最喜欢和在他家做长工的阿陀玩耍。他成天跟在大他十几岁的阿陀背后，缠着阿陀带他练武术，骑马，上山打兔子，下河摸鱼虾。晚上，小粟裕还赖在阿陀的长工房里睡觉，要他讲故事。阿陀不识字，但平时有点结巴的他一旦讲起故事来却很是口齿伶俐。粟裕喜欢听阿陀讲"水浒""三国""七侠五义"和"草上飞"的故事，特别喜欢那些除暴安良、杀富济贫的大侠传奇。每当听到那些剑客大侠大展拳脚、匡扶正义的时候，小粟裕常常会瞪大亮晶晶的眼睛，大声说，我也要做大侠，杀光这天下的坏人恶霸！

为实现做大侠做剑客的梦，小粟裕开始学本领。每天天没亮粟裕就起身，把沙包捆扎在小腿上奔跑，练习"飞毛腿"和"飞檐走壁"的功夫；他还将竹竿贯通，灌满沙子，双手舞动，练习棍术；他自己制作沙包，练习拳击；用箩筐装满稻谷，用手掌竖插横击，练习铁砂掌……这些功夫练法大多是阿陀道听途说得来的，但小粟裕却奉为绝对秘法，依法操练，练得无比认真，直到手肿得握不住筷子，才被父母发现而严厉制止。粟裕却并没有完全放弃，他实在是喜欢舞枪弄棒，骑马撵兔子，于是依然偷偷地练跑步、打拳、射箭、打枪……这些最终成了他的爱好，尤其是像打拳、跑步等运动，他一生都没有放弃过。而当时，小粟裕为了实现做除暴安良的大侠这一目标而疯魔似的磨炼自己，却好巧不巧地锻炼了身体，强健了体魄，培养了坚强的意志和坚韧的精神，为粟裕一生历经险恶环境，驰骋疆场却一直葆有旺盛的斗志，打下了坚实的基础。否则，没有强健的身体和坚韧的精神，成年后身量瘦小的粟裕哪里能够做到历经六次重伤而不倒，指挥大兵团作战连续一周而不睡呢？

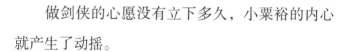

## 璞玉少年暗怀匡扶正义的初心

做剑侠的心愿没有立下多久，小粟裕的内心就产生了动摇。

那是粟裕九岁的时候，他遇到了一件让他终生难忘，也影响了他一生的大事。那年袁世凯在北京城宣布即位当皇帝，招致全国人民的反对。蔡锷率护国军和袁世凯的北洋军在湖南大战。腐朽不堪的旧军阀打不过声势浩大、顺应民心的讨袁军团，四散奔逃。小粟裕被父母带到了山上，躲避乱兵。从山上亲眼看到那些北洋溃兵像蝗虫一样可怕，比土匪还更凶恶，烧杀抢掠，无恶不作，粟裕的内心翻江倒海般胡思乱想，一会儿想象自己已经是一个大侠，飞身上前，救下百姓，惩罚兵痞；一会儿想象自己是一员大将，身骑白马，手握盒子枪，率大军呼啸而来，一枪一个，把兵痞们杀个精光。粟裕小小的心灵已经明白，靠一个人行侠仗义是救不了这么多受苦受难的百姓的；武艺再高，也仅仅是一个人而已。

兵灾刚刚过去，土匪又常常来袭扰。在这偏僻落后的乡村实在无法活下去了，粟裕的父母变卖了家产，带着全家老小搬到县城会同安顿下来。粟裕到这里就不必被父亲逼迫着去老旧过时的私塾读什么"三纲五常""礼义廉耻""忠孝节义"了，而是进了新式学堂。

进入会同县立第一高等小学读书时，粟裕十一岁。粟裕喜欢这里新鲜活跃的氛围，如鱼得水般完全融入学习生活中。在这里，他第一次听说了孙中山的三民主义；第一次听说了马克思主义；第一次明白了中国贫穷落后的根源就是反动军阀和帝国主义；第一次知道遥远的地方有一个国家叫苏联，那里走的是社会主义道路；他还第一次有些明白"革命"是怎么回事，原来"革命"不仅仅是杀富济贫，匡扶正义，还要打倒军阀，打倒帝国主义，消灭剥削，实现平等，获得自由。

很快，粟裕就遇到了一次非"革命"不可的事情。会同长期驻守着湖南省第五守备区一个连的兵力。这个守备连在一个卢姓连长的带领下，仗着自己兵强马壮、武器精良，又是唯一的正规部队，在县城内外要尽军阀作风，横行霸道，强取豪夺，警察见了都绕开走，县长大人见到他们也礼敬有加。

粟裕想，一定要给他们来一次"革命"，让这些军阀狗腿子知道会同人民的厉害。机会终于来了。有一次，县城里的城隍庙正上演新戏，一群兵痞簇拥着卢连长，照例占据了戏台下最好的前排中间位置，还有几个兵痞竟然站在凳子上看。粟裕和同学们以及许多街坊老百姓只好站在后面看。学生们年龄小，个子矮，站在后面什么也看不到，只能看到那些可恶的兵痞的后脑勺。粟裕他们也就不看戏，而是按照预先约定好的，一部分身体强壮的同学抓住站有兵痞的凳子脚，同时发力猛地朝后一拉，把恶棍们摔了个四仰八叉，痛叫连连；另一部分同学则齐声高喊"痞子兵，快滚蛋！"。从来就耀武扬威、没有谁敢冒犯的痞子兵们气得七窍生烟，随手抡起长条凳就要打人。这时候，用作临时露天戏场的城隍庙早已是一片大乱，粟裕他们又大喊："土匪来了！土匪来了！"有几个兵痞被吓得举枪朝天乱放。这一来，看戏的刹那间就跑个精光，整个县城也都乱糟糟的，上上下下无不惶恐。粟裕和同学们趁乱四散而去，各回各家了。

粟裕的第一次"革命"以胜利告终。从这次事件中，少年粟裕明白了一些道理：革命，就是为民除害；匡扶正义，就是要敢于斗争；但要取得胜利，除了智谋算计，还要有力量；团结起来，就会有力量。力量，力量，如果有一支自己的武装……

# 为革命投笔从戎

偏远、闭塞的山区小县会同太落后，国内外的许多重大事件，传到这里时不仅变成了旧闻，还错讹百出。少年粟裕心里很是憋闷。他迫切地渴望走出会同，到外面去看看：这个世界到底是怎么样的呢？

1924年初，契机出现了。校址设在常德的湖南省立第二师范到会同招生，粟裕听说后立马瞒着家人报了名，参加了考试，并被顺利录取。可是父亲强烈反对儿子到遥远的常德去读书。当时，世道不宁，社会动荡，到处兵荒马乱，土匪恶霸横行，父亲的担心也是可以理解的。

可十七岁的粟裕很是倔强，不可能静下心去理解父母的担忧。一天早晨，父亲在儿子的书桌上看到一个大大的梨子，人却踪影不见。父亲知道，他的儿子走了。儿子有心，送父亲一个梨子，"梨子"就是"离子"呀！做过私塾老师的父亲不由想起一副对联："莲子（怜子）心中苦，梨儿（离儿）腹内酸。"父亲拿着那个梨子久久发怔，心中不由更加酸涩。

来自湘西小城的粟裕刚到常德，就感到无比震撼。这里是湘西的中心城市，现代文明之风正盛，革命风气大开。这个时候，粟裕就读的"二师"更是现代开明新思想的发源地，政治氛围浓厚，党团组织遍地，社团活动频繁，学生思想很是活跃。有个叫滕代远的同学还在学校里秘密建立了共产党和共青团的组织，经常举办各种活动，传阅进步书刊。

一直对革命心怀向往的粟裕置身于这样的环境中，就好像是乳虎入山林，内心的高兴劲儿无法用言语来形容。他积极参加进步同学组织的社团活动。从马克思主义理论中，他找到了自己最需要的答案。他认识到少儿时期行侠仗义、杀富济贫想法的幼稚。立足于理想与现实，沐浴着马克思主义理论的光辉，粟裕的心中从此烙印上共产主义的信仰，坚定了走革命道路的决心。

在"二师"的革命熔炉中刚一年，粟裕的思想就有了很大的进步。但是，非常意外的事情发生了。刚刚还和共产党在一个阵营中出生入死的国民党突然举起了屠刀，大肆捕杀共产党员、共青团员以及进步青年。"二师"素来被人们赞誉为"湘西马克思主义策源地""共产党的大本营"，这时候，完全被血雨腥风的白色恐怖笼罩。共产党员、校长胡佐武被诱捕惨遭杀害后，反革命的许克祥派来大批武装到牙齿的部队，把学校包围得像铁桶一样，通缉粟裕等革命同学的彩色传单漫天乱飞。已是共青团员的粟裕面对这样紧张险恶的局势，并没有恐惧慌乱。他冷静地建议党组织积极应对，要保护好革命火种，保存有生力量，不和敌人硬拼，不做无谓的牺牲，紧急安排党员、团员分散转移。粟裕坚持到所有的同学都撤退后，才和滕久忠等十几个同学跳入散发着恶臭的下水道逃离学校。他们机智地跳出了敌人的包围圈，飞奔到洞庭湖边，爬上一条小船，远远驶离常德，暂时脱离了险境。

粟裕和几个同学跳下小船，脚步却不约而同地迟疑起来。他们不知道该向何处去。摆在面前的道路有两条：一是回家去，回到安乐窝似的家里去，享受舒适温暖的家庭生活，平平安安过一生；另一条是继续战斗，遵循内心，坚定信仰，投身革命事业，在血与火中接受考验。后面一条路尽管充满危险，且前途难卜，却是一个进步青年应该选择的光明之路。粟裕没有丝毫犹豫就选择了继续战斗。只有革命才能挽救中国，只有革命才能救万民于水火。看着转身回家的几个同学的背影，粟裕默默无言，只在心里反复对自己说：我这一生要坚持革命。

粟裕不管不顾地搭乘一条商船来到武昌，冒险找到党组织顶着压力开设的收容站。之后，他被安排进入国民革命军第二十四师教导队，成了一名革命军人。粟裕投笔从戎的愿望就这样梦幻般地成了现实。这段时间的亲身经历让粟裕的心里更加坚定了早先的想法：没有革命的武装，革命就是一句空话；不拿起枪杆子，就永远也打不倒新旧军阀。

　　由清一色的共产党员和共青团员组成的教导队直属国民革命军第二十四师，师长是粟裕仰慕已久的北伐名将叶挺。这时候，粟裕已经成为正式的中国共产党党员。8月1日，初踏兵营的粟裕跟随贺龙、叶挺参加了著名的南昌起义。

为民族百战疆场

　　粟裕跟随南昌起义部队上了井冈山，同毛泽东领导的秋收起义部队会师。两支起义部队被合编为中国工农红军第四军。这时的粟裕还寂寂无闻，不显山不露水。直到"七溪岭战斗"，刚刚升任连长的粟裕才一战成名，被誉为"青年战术家"。

　　那一仗是朱德军长亲自指挥的，为的是打破来自湘赣两省的十个团敌军的"会剿"。二十一岁的粟裕受命占领并控制住老七溪岭。可接到命令时，敌军杨如轩部已经抢先控制了这个制高点。开始时，粟裕率战士仰攻，连续多次的冲击都被敌人强大密集的火力压制，成效不大。为了减少伤亡，粟裕命令战士们时而做出进攻的态势，呐喊着佯攻，声音传上去，人却不上去；时而又派小股部队，分头向上冲锋，吸引敌人的火力。这样从早上到中午，使敌人一直处在高度紧张的状态之中。狡猾的敌人始终躲在岭上的工事里，龟缩不出。中午时分，红军阵地突然安静下来，不打枪，也不喊话。敌人做出了错误判断，认为红军武器破旧，战法平庸，没有能力从正面攻击。而且，因紧张了半天而非常疲惫的敌人估计红军也累了，该吃饭了，于是顿时松懈下来，连观察哨都打起了瞌睡。粟裕要的就是这样的机会。他趁敌人休息的时机，命令部队急速前进，隐蔽接近峰岭。红军突然出现在敌人眼皮底下，瞬间突破了敌军的防御工事，攻占了山头的制高点。就在粟裕要发出乘胜追击的命令的时候，他猛地回头一看，发现紧跟着自己冲上来的只有九个战士。粟裕顿时一身冷汗，但转念一想，就明白了缘由。原来，红军战士确实非常疲累，打仗双方属攻击的一方最为艰难，更何况是仰攻山头呢；红军只有一些轻武器，弹药还严重不足，这些都要靠人力去弥补；再加上七溪岭确实险峻陡峭，易守难攻。所以，只有意志力、体力等方方面面都很强的这九个人跟上了自己的脚步。粟裕果断下令，留下六个人控制住制高点，其余三个人跟着他继续追击敌军。粟裕带领三名战士追击了一阵子，突然发现前方聚集着百来号敌军。三名战士加上粟裕自己，总共才四个人，对付敌军百来个人，行吗？粟裕没有退路了。已经追上来了，难道还退回去？粟裕很果断，决不能退回去，否则就是前功尽弃。他领着战士，一个箭步冲上去，大喊："枪放下，你们被俘虏了！"就在这时，留在制高点的战士也十分默契地挥舞起红旗，吹响了冲锋号。那百来号敌军看到山头招展的红旗，听到红军司号员吹响的嘹亮的进攻号声，又被粟裕的怒吼声一阵惊吓，一时间晕头转向，以为红军大部队追上来了。他们顿时毫无斗志，一个个丢掉武器，高举起手臂，跪地投降。

粟裕指挥作战机智灵活，用最少的代价赢得尽可能大的胜利。这一仗后，粟裕的名字很快就在红军中传扬开来。

井冈山的革命生涯是非常艰苦的，战斗成了家常便饭，伤亡随时都可能发生。那是在江西抚州的硝石，时任红十一军参谋长的粟裕率领红二十八师乘胜追击许克祥部第二十四师。先头部队跟进速度很快，和后续部队拉开了距离，谁也没有想到，敌人有一股部队突然从红军后面侧翼方向打了过来。粟裕一看情况紧急，就亲自率领警卫排冲上去堵截。战斗刹那间打响，非常激烈。这时候不知从哪里飞来一颗子弹，狠狠地咬了口粟裕的左臂，连动脉血管都被击穿了。粟裕当场痛晕了过去，鲜血飙射出来。警卫员反应敏捷，赶紧扯下绑腿，把流血的伤口紧紧裹住，扎紧，这才止住了血。前线没有医院，连绑扎所都没有。战士们用担架抬着，翻山越岭，把他送到二三十里外的后方医院。医生一看伤口，对粟裕说，伤口感染了，要锯掉。刚刚苏醒的粟裕一听，无比焦急："不行！没了胳膊，怎么革命！"医生说，你要胳膊，还是要命。粟裕说："胳膊要，命也要，那都是我革命的本钱！"经验丰富、医术了得的医生无奈，就说，那就让革命保佑你能挺过来，我尽力医治就是。那时候，麻醉药在红军医院是极稀罕的东西，粟裕对医生说："不用麻醉药了，直接给我做手术就是了。"医生看他态度坚决就无奈同意了。战士找来根粗麻绳，把粟裕捆在手术用的桌子上，又找来一个柴火棍子，让粟裕用牙齿咬住。医生用食盐和酒精给粟裕消毒，洗净伤口，挖去坏肉。粟裕痛得大汗淋漓，手上青筋暴绽，棍子上留下深深的牙印子。手术就这样"粗糙而野蛮"地做完了。

这要经受多大的痛苦哇！今天的我们，走路摔跤擦破点皮，都要哭嚎个半天。看看粟大将，当时也就二十二三岁，就已担着师参谋长的重要责任，忍受着堪比关羽刮骨疗毒般痛苦的煎熬，硬是一声不吭地忍受下来了。这不能不让我们万分佩服，无比崇敬。

粟裕的左胳膊虽然留下了残疾，好在总算保下来了。

红军大部队长征后，粟裕率领红军北上抗日先遣队孤军转战于江西、安徽、福建、浙江，进行了艰苦卓绝的三年游击战，多次离死亡只有半步之遥，其境地之险恶无法用言语来形容。

全面抗战时期，粟裕韦岗决胜日寇，黄桥完败敌顽，创建苏南和苏中抗日根据地，勇夺车桥，七日智取高邮。

解放战争时期，粟裕苏中七战七捷，击破美械装备不可战胜的神话；沂蒙连战连胜，全歼国民党军王牌中的王牌整编七十四师；分兵经略中原，连战连胜沙土集、豫东、济南，揭开战略决战的序幕；淮海献奇策，一肩勇挑三重担，终致杜聿明三十万大军灰飞烟灭……毛泽东深情赞誉：淮海战役，粟裕同志立了第一功。

从一个普通士兵到开国大将，粟裕创造了让人惊叹的丰功伟绩。这些辉煌战绩的背后，是身体的巨大磨损。粟裕一生六次负伤，两次险遭敌特刺杀，无数次和死神擦肩而过，手臂、头部弹片至死都没有取出，旧伤发作常常痛不欲生……

但粟裕无论对功绩还是自我的伤痛都是一笑置之，他说："我只是沧海一粟而已，我永远都是普通一兵。是革命，让我的人生有了一些意义。我的一生，是为革命而活的一生。"1979年，他写了一首小诗《抒怀》来总结自己的一生：

半世生涯戎马间，一生系得几危安。

沙场百战谈笑过，际遇数番历辛艰。

松苍敢向云争立，草劲何惧疾风寒。

生死沉浮寻常事，乐将宏愿付青山。

"人生最快意的事情，莫过于
祖国富饶，群众安乐"
——萧华

## 萧华（1916年1月21日—1985年8月12日）

中国无产阶级革命家，中国人民解放军高级将领。江西兴国人。1928年加入中国共产主义青年团。1930年7月转为中国共产党党员。曾任红军第四军营、团政治委员，红一军团政治部青年部、红军总政治部青年部部长，少共国际师、红一军团第二师政治委员。参加中央革命根据地历次反"围剿"作战和长征。抗日战争全面爆发后，任八路军第一一五师政治部副主任、第三四三旅政治委员，东进抗日挺进纵队、鲁西军区司令员，第一一五师政治部主任兼山东军区政治部主任，辽东军区司令员兼政治委员，中共辽东省委书记，南满军区副司令员兼副政治委员，东北野战军第一兵团政治委员、第四野战军特种兵司令员。中华人民共和国成立后，任空军政治委员，解放军总政治部副主任、主任，中共中央军委副秘书长、常委，中共中央监察委员会副书记兼解放军总干部部部长、解放军监察委员会书记，军事科学院第二政治委员，兰州军区政治委员、中共甘肃省委书记等职。1955年被授予上将军衔和一级八一勋章、一级独立自由勋章、一级解放勋章。是中共第八、十一、十二届中央委员，第六届全国政协副主席，第三届国防委员会委员。著有《长征组歌》。

1955年授衔的1048名开国将帅中，最让人惊奇的是上将萧华，他能文能武，一生履历满是传奇。

萧华十二岁投身革命，跨龄成为共青团员，十三岁被组织选任为团县委书记，十四岁入伍红军，十五岁任职红四军军委青年委员，十七岁被破格提拔为红军师政委，二十二岁被任命为八路军东进抗日挺进纵队司令。1955年，萧华获授上将军衔，年仅三十九岁，堪称少年英杰，叱咤风云。

## 吹响人生百战小·号的神童

1916年1月21日，萧华出生在江西省兴国县潋江镇肖屋村。他自幼聪颖，十里八乡到处流传着他"神童"的美誉。童年的萧华热情好学，遇事喜欢琢磨，虽然家境贫寒，常常衣衫褴褛，却英华内敛，人小志高。萧华十一岁那年，老师让同学们写一篇题目为《将来的我》的作文，绝大多数同学写的都是祈愿升官发财，封妻荫子，唯独萧华却立志"打倒军阀""铲除列强"。他在作文中倾吐了一个童蒙稚子的赤诚之心：

"人生最大的恨事，是看到祖国内忧外患，人民流离失所，而不能担起匹夫救国之责；人生最快意的事情，莫过于可爱的祖国富饶秀丽，群众安居乐业，食足衣丰。国家兴亡，匹夫有责。多少民族英灵曾为国家的兴旺以身报国，血沃中华。将来的我要以这些英烈为师，献身革命，为天下劳苦大众的新生活奋斗一生。"

老师和同学们震惊于萧华的目光远大，无不对他刮目相看，赞赏他将来必定非同凡响，而萧华后来的成长历史，也奇迹般印证了他"献身革命，为天下劳苦大众的新生活奋斗一生"的宏图大志。

这一年，萧华就读的潋江一小选购了一批乐器，要成立学校乐队。在二胡、笛子、风琴、洋鼓等五花八门的传统乐器和西洋乐器中，萧华独独爱上了金黄色的小铜号。他不管不顾，一把抓起铜号，鼓起腮帮子使劲地吹，没想到竟只发出一阵难听的"啵啵"破音，引得围观的同学老师阵阵哄笑。一个衣着华丽、头抹油亮发膏、官家少爷模样的同学讥嘲他："连饭都没得吃的穷鬼，还能吹铜号？"本就为不能吹响小号而憋得满脸通红的萧华冷冷地看了一眼这位不学无术的"少爷"，一句话也没说，只是在心里暗暗发狠："一定要把小号吹响，吹好！"他诚恳地请求老师帮助指导，一有空就躲在旷野里苦练。不到半年，萧华就把小号吹得娴熟无比。每当夜幕低垂的黄昏或者彩霞漫天的黎明，一曲曲悠扬嘹亮的号声就回荡在潋江河畔，成为当年沉寂落后的兴国县一幕难得的亮丽风景。

萧华的号声吹响了全兴国。在学校集会上，在全县中小学联欢会上，萧华的小号表演是获得掌声和喝彩最多的一个节目。这就惹得那位"少爷"同学妒火中烧，搬出自己身份显赫的家长，指责学校怎么能让身份卑贱的萧华如此大放光芒。学校拗不过有权有势的家长，第二天通知萧华说，小号你不能再吹了。萧华内心绞痛，但也无力改变这一切。他忍痛把心爱的小铜号交还给学校，一边流着眼泪，一边坚定地对老师说：

"老师，这样不公的社会，将来一定要改变！我喜欢吹号，将来我一定还要吹号！我希望所有的人，不论贫富，也不论贵贱，都能做自己喜欢做的事情。"

长征途中的乌江边，萧华再次吹响了铜号。那天，萧华率领少共国际师为红军大部队做开路先锋。一路上他们逢山开路，遇水搭桥，摆脱追兵，冲破堵截，连续战斗，来到人称天险的乌江边。乌江水深流急，波高浪猛，夹岸都是陡峭的悬崖，江水中还密布着嶙峋的巨石，唯一的渡口早已被国民党守军重兵封锁。萧华指挥红军战士就近砍伐竹木，扎好几个竹排；他让敢死队员们悄悄趴伏在竹排上，趁着如墨的夜色，快速向北岸划去。湍急的水流声恰好掩盖了战士们的划水声。等到红军战士们快要冲上对岸了，敌人才惊醒过来。枪声划破了黑夜的平静，敌人的轻重机枪没头没脑地疯狂吼叫起来，密集的子弹像冰雹般泼洒向小小的竹排。这时候，南岸的冲锋号响了，英勇的红军战士果断跳下竹排，一边奋力蹚水前进，一边举枪还击。红军小号手不幸中弹倒下，急骤的冲锋号声突然沉寂下来。正在山石后指挥的师政委萧华飞奔到牺牲的号手身边，一把抓起铜号，熟练地吹起来。嘹亮雄壮的冲锋号声冲破了沉寂，再次响彻乌江两岸。红军战士们在号声的激励下精神大振，齐声呐喊着"冲啊！冲啊！"跳上北岸，机智勇敢地冲向敌人。胆小如鼠的敌人在英勇的红军战士面前丢盔弃甲，狼狈逃窜。

## 十七岁的少共国际师政委

老红军吴宗汉曾担任萧华的警卫员，多年以后，他依然能记起第一次见到萧华时的场景。那时候，吴宗汉受命担任少共国际师政委萧华的警卫员，这位年轻的红军新战士心里直犯嘀咕，自己长这么大见过最大的官就是村长，这次要给师政委这么大的"官"做警卫员，不知道能不能干好工作。师部设在一个简陋的大祠堂里，初次见萧华政委，吴宗汉站在门外不敢进屋，只是怯生生地喊了一声"报告"，战战兢兢、低眉垂首的样子让人忍俊不禁。萧华听闻声响，知道是新来的警卫员到了，赶紧出门将吴宗汉拉进了祠堂，亲切地问："你多大啦？""二十。""哎呀！你比我还年长一岁呢，你做兄长的还怕什么？"吴宗汉一惊，不由抬起头来，发现首长还真是年轻，简直就是一个娃娃嘛，个子不高，瘦瘦的身板，又长着一张圆圆脸，像春天初生的瓜蔓，嫩得出水哟。吴宗汉有些不解，这娃娃一样的人怎么就成了首长呢？后来渐渐熟悉起来，吴宗汉心里的这个疑惑才得以解除。

1929年春临大地，萧华非常兴奋地参加了毛泽东在兴国举办并亲自授课讲学的"土地革命干部训练班"。在四十多位训练班学员中，他年龄最小，收获却不小。训练班结束后不久，萧华调任共青团兴国县委书记。萧华把团组织发展到每一个区，每一个乡，每一个村。区建团委，乡建团支部，村建团小组，全县十四个区共发展团员一千余人。同时，萧华还建立起少年先锋队，将该组织也发展到每个区的乡村。蓬勃发展的兴国青少年革命运动彰显了这个十三岁团县委书记有着和他年龄完全不相符的组织领导才干。他像一颗耀眼的星星，刚刚参加工作就引起众人的关注，也得到上级领导的赞赏。

1930年，毛泽东又一次来到兴国，他推掉了好几个重要的会见，特地请来萧华，专门听取他的共青团工作汇报。听后，毛泽东很是高兴，热情挽留萧华一起吃午饭，微笑着对他说："去年来兴国，陈奇涵、胡灿请我吃蒸笼粉鱼，我还给它取了'四星望月'的菜名。今天，我要请你吃水饺。"萧华的能文能武、能说能干得到毛泽东的欣赏。当月，萧华就从地方调到军队工作，初到部队，就担任红四军军部专职青年委员。萧华迅速完成了从地方工作到军队工作的身份转变，清醒地把握住红军中青年工作的特点。不到两个月，红四军的青年工作得到大大改善，共青团组织从军部到班排都普遍建立起来了。从此，红军思想政治工作队伍里又多了一个得力的干将。

1933年7月，萧华提出了扩大红军的新建议，力主创建"少共国际师"。不久，"少共国际师"在江西省宁都县成立了。萧华被当时的党中央主要负责人之一的周恩来特别提名担任少共国际师政治委员。"少共国际师"的七千"娃娃兵"主要来自兴国的共青团员和少先队员，平均年龄不到十八岁。年仅十七岁的萧华用很短的时间就将这群初生牛犊磨炼成能征善战的勇敢战士，并很快投入了第五次反"围剿"的激战。闽北拿口一战，萧华的"娃娃兵"初露锋芒，接受了严峻的战火考验，初战即一举歼灭以周志群为首的国民党正规军三百余人。萧华率"少共国际师"发扬连续作战作风，转战千里，血染中央苏区大地，抚州黎川战斗、广昌驿前战役、赣州石城保卫战……每一场战斗都是血与火的严峻考验，"少共国际师"越战越强。萧华活学活用毛主席的军事思想、军事策略，巧用三十六计，战法灵活多变，让敌人疲于奔命、连遭败绩。遵义会议后，中央红军整编，"少共国际师"并入红一军团，萧华被任命为红一军团政治部组织部部长。

## 威震抗日战场的"娃娃司令"

全面抗战时期，萧华就任八路军第一一五师政治部副主任、第三四三旅政委，积极参加对日作战，取得平型关大捷、广阳大捷、午城大捷等一连串胜利，给日寇和敌伪以沉重打击，大长中国人志气。后来，萧华受命率领部分干部来到河北山东交界的冀鲁边区，入驻中心区乐陵县城，整编冀鲁边八路军部队，组成东进抗日挺进纵队，就任纵队司令员兼政委。

冀鲁边区北边和天津相近，南向和济南相邻，这两地都驻有日寇大量部队，国民党军虽也有重兵布防，却放任日寇烧杀抢掠、胡作非为，龟缩在防区内不敢主动出击。1938年10月，国民党大员沈鸿烈和鹿钟麟甚至调转枪头，密谋组织"冀鲁联防"，妄图以软硬兼施、南北夹攻的方式把八路军赶出冀鲁边区。在了解相关情况后，萧华做出了"和沈打鹿"的抗日打顽策略。当时人们说的"顽""敌顽""顽军"指的就是在抗日民族统一战线建立后依然奉行反共政策的国民党顽固派军队，他们常常制造国共摩擦，袭击中国共产党领导的抗日武装力量，破坏团结抗战。

萧华赶往惠民县，想马上找到山东省政府主席沈鸿烈商讨联合抗日事宜。沈鸿烈曾经是"东北王"张作霖的舰队司令，还做过山东省青岛市市长，一直是个阴险狡诈的反共顽固派。他听闻萧华年仅二十二岁，就认为共产党军队无人，所以才让一个娃娃担当重任。对这个"娃娃司令"，他内心十分轻视，决定要摆一个架势，给萧华一个下马威。萧华距离惠民县还有十五公里，沈鸿烈就派出了他所谓的强兵悍将，列成一眼看不到头的长长队列，企图将萧华吓跑。萧华昂然走过，对狐假虎威、装模作样的沈家军不屑一顾，毫不畏惧地走进了城门。沈鸿烈见一计不成，又生一计，制造种种借口，避不见面，想以此气走萧华。萧华气定神闲，心中早有定计：既然"长官"拒绝见我，那我也不能在这里干等着，不如就借此机会和群众接触接触。一直以来，共产党和群众的关系就是鱼和水的关系。萧华组织人员向民众散发《东进抗日挺进纵队给惠民各界的慰问信》，又亲自走访医院，慰问伤兵，还到当地最大的学校讲演，宣传共产党的抗日政策。一时间，共产党"娃娃司令"风采无限，赢得惠民各界民众的交口称赞。沈鸿烈偷鸡不着蚀把米，只好请求和萧华见面，并最终订立了共同抗日协议。通过一场场没有硝烟的激烈较量，沈鸿烈才真正感受到这个共产党"娃娃司令"的厉害，心中对萧华不由得生出敬佩之情。

河北省政府主席鹿钟麟听闻"娃娃司令"三拳两脚、一番唇舌就搞定了老奸巨猾的沈鸿烈，

便不敢轻视萧华，但又心生一计。他指使手下用
巨款收买民团孙仲文，并赠送枪支弹药，让他进
攻八路军。萧华获悉准确情报后，决定先下手为
强，主动出击。终于在盐山抓住机会，将孙仲文
部彻底击垮，粉碎了鹿钟麟企图染指冀鲁边区的
妄想。能文能武的萧华在"冀鲁边"尽情展现着
他的才华，他大力宣传抗日，广泛发动群众，积
极发展武装，鼓励青年们参加八路军，打击日
寇。一年后，"娃娃司令"统率的部队已发展到
两万余人，抗日根据地也扩展到方圆十五个县，
且异常稳固。


## 宏伟史诗《长征组歌》的创作者

　　抗日战争胜利后不到一周年，国民党就悍
然发动了全面内战。1946年10月，杜聿明纠集了
八个师十多万人，全部配以美式装备，进攻辽
东。萧华沉着应对，瞄准杜聿明号称"千里驹"

的整编二十五师，决心干脆彻底地将其消灭。萧华先示敌以弱，撤离安东城，并做出仓皇大撤退的样子，诱使敌二十五师贸然出击，孤军躁进。萧华在新开岭设下重重埋伏，经过两天鏖战，敌二十五师八千余人全部落入包围圈，包括师长李正谊在内的五千八百余人被活捉。这一战开创了东北民主联军一次战役歼国民党军一个整师的先例，被写进了军史。

中华人民共和国成立后不久，萧华调任空军政委，与空军司令员刘亚楼通力合作，一起为建设一支强大的人民空军而辛勤工作。之后，萧华曾先后担任解放军总政治部主任、中共中央军委副秘书长、解放军总干部部部长等职。萧华刚刚跨入不惑之年就位居军委八总部领导人之列，成为人民军队的主要领导人之一，足见他的才干和贡献得到了党和国家领导人的充分肯定。

1964年春，萧华因病离开北京，来到湿润的南方疗养。躺在杭州疗养院的病床上，戎马一生的萧华难得地静下心来，一时间思绪纷飞。特别

是想到即将要进行的红军长征三十周年纪念宣传
活动，他更是百感交集。经过反复考虑，萧华最
终决定写一部组诗，来描绘长征这一划时代的伟
大壮举，纪念英勇牺牲未能见到胜利的战友，让
人们永远铭记长征。从1964年9月开始，萧华不顾
病魔缠身，全身心地投入了创作。指挥过千军万
马的将军，习惯了写战争檄文、宣传纲要的杰出
的政治工作领导者，这次沉下心来搞文艺创作，
其艰难可想而知。还有一个困难也是他事先没有
想到的。那就是在写作的过程中，二万五千里长
征的场景总如影片般一幕幕地浮现在脑海中，萧
华总是由于过度兴奋、难以自制而被迫停下笔来。
后来回顾当时的写作情景时，萧华说，写长征组
诗，自己是一边写一边掉眼泪，特别是写到《告
别》《过雪山草地》这些段落，不由心酸：告别江
西的时候，我们浩浩荡荡三万人马；突破敌人围追
堵截，一路血战，过完草地，我们剩下不到一万
人，许多战友永远倒在了长征路上……

　　不知熬过了多少个不眠之夜，萧华全然不

顾医生的警告，不顾家人劝阻，不管转氨酶指标因劳形伤神而接连飙升，真正做到了"吟安一个字，捻断数茎须"，几乎每时每刻都沉溺在激情创作中。功夫不负有心人，经过两个月潜心创作，组诗终于写成。萧华精心为组诗命名为"红军不怕远征难"，正是借用了毛泽东《七律·长征》的诗句。

萧华请来北京军区几位著名的作曲家为这部组诗谱曲。为了让他们真正领悟组诗的内容和情感，萧华强撑病体，连续近半个月为他们讲述长征故事，使作曲家们仿佛身临其境，感同身受。多年后，参与谱曲的作曲家生茂回顾这一往事时，仍然激动感佩不已。他回忆道，萧华将军一旦讲起长征，顿时就忘却了自己的老病之身，"时而眉飞色舞，时而慷慨激昂，时而潸然泪下。将军在说到'四渡赤水'时，惟妙惟肖地勾勒出'用兵真如神'的壮观场面。将军对长征的细致描绘，为我们完成谱曲任务打下了坚实的根基"。

"没有坚定的信念，革命不会成功"

——萧克

## 萧克（1907年7月14日—2008年10月24日）

中国无产阶级革命家，中国人民解放军高级将领。湖南嘉禾人。1926年参加北伐战争。1927年5月加入中国共产党。先后参加南昌起义、湘南起义。曾任红军纵队参谋长，红四军十二师师长。参加中央革命根据地第一至第三次反"围剿"作战。1932年被派往湘赣革命根据地，任第八军军长、红六军团军团长、红二方面军副总指挥、第三十一军军长，中华苏维埃共和国中央革命军事委员会委员。参加井冈山斗争，参与领导湘赣革命根据地反"围剿"，参与创建湘鄂川黔革命根据地。1935年11月从湖南桑植出发参加长征。抗日战争全面爆发后，任八路军第一二〇师副师长，冀热察挺进军司令员，晋察冀军区、华北军区副司令员，第四野战军兼华中军区第一参谋长。中华人民共和国成立后，任中央人民政府人民革命军事委员会军训部部长，国防部副部长，解放军训练总监部副部长、部长，农垦部副部长，解放军军政大学校长，国防部副部长兼解放军军事学院院长、第一政治委员等职。1955年被授予上将军衔和一级八一勋章、一级独立自由勋章、一级解放勋章。是中共第十届中央候补委员，第八、第十一届中央委员，第五届全国政协副主席，第一至三届国防委员会委员。1982年、

1987年当选中共中央顾问委员会常委。曾主编《南昌起义》《秋收起义》，著有长篇小说《浴血罗霄》及诗集、论文集等。

　　1991年茅盾文学奖获奖名单公布，老将军萧克的《浴血罗霄》获荣誉奖，让世人无比惊叹。一个戎马一生的军人，一位功勋卓著的上将之首，他的文学修养竟然也如此之高。随着人们的深入了解，萧克将军确实是文韬武略都让人肃然起敬的全才，除了这部开始创作于1935年的获奖作品外，他还出版有《抗战军事论文集》《挺进军"三位一体"的任务》。晚年离休后，他的创作却进入了高潮，主编《南昌起义》《秋收起义》，撰写了《萧克回忆录》《朱毛红军侧记》等以革命战争题材为主的作品。

　　萧克将军的生平真的让我们很好奇。现在，就让我们来讲讲萧克将军的故事吧。

## 为复仇投笔从戎

　　湖南省南部有一个小县，叫嘉禾。1907年7月14日，萧克将军就出生在这个偏僻小县的泮头乡小街田村。当时，中国正处在新旧社会交替之际，国内外各种社会思潮和价值观竞相迸发，让大多数人无所适从。而从小就很有主见的萧克却并不迷茫，一方面他钟情于文学，渴望将来做一个有成就的诗人和作家；另一方面，他仰慕孙中山的三民主义，直觉那是救国救民的良方。他到处搜寻有关的书籍报刊阅读，比如孙中山的《心理建设》《伦敦蒙难记》他都读了好多遍，甚至几十年后，许多篇章他都还能背诵。

　　某年夏天，萧克回到家中休暑假。一天晚上，萧克的父亲突然听到房间里传来一阵哭声。父亲想，莫不是儿子白天劳动太累，伤了身子吧。赶紧推门进去，只看见儿子好端端地坐在书桌前，双手捧着一本书，掩面哭泣。细看书名，原来是《黄花岗七十二烈士传》。萧克读书常常动情，是一个情感浓烈、有强烈爱国之心的书生，以为文学能改变人心、改造社会，平常也总和几个好友吟诗作对，如果不是后来家里发生的一件大事，他完全有可能成为一位文学家。

萧克家附近有一座晋屏山，山上有一群农民武装，时人称之绿林好汉，在官府眼里就是"土匪"。这群人的首领李赞易小时候是萧克父亲的学生。重情讲义气的李赞易偶尔也会悄悄来拜见自己的老师。当地有一个作恶多端的大地主萧仁秋，他拿劫富济贫的李赞易没有办法，就勾结官府，诬告萧克的大哥与"土匪"是一伙的。可怜那只会吟诗作对、诵经讲史的大哥，被萧仁秋指使团防、家丁五花大绑地押送至县城，连审问都没有就直接斩首示众了。

萧克的文学梦顿时破碎。他要为大哥报仇，已经没有心思再做诗人了。要报仇雪恨只能投笔从戎。1926年年初，萧克怀揣从老师那里借来的七块大洋，瞒着父亲悄然离开了嘉禾。他的目的很明确，就是到广州去，参加国民革命军。萧克冒着鹅毛大雪，一步步向南方走去，花了九天时间到达韶关。在这里，他平生第一次坐上了火车，直奔广州。可惜的是，原来打算报考的黄埔军校已经过了招生时间。幸运的是，他发现，国民党军事委员会直属的宪兵教练所正在招生，萧克报名参加考试后被录取了。五个多月后，萧克以优秀成绩毕业，被分配到宪兵团做了一个班长，领中士军衔。

## 一路乞讨寻找党

这时候，北伐战争已经进入高潮，叶挺率领的国民革命军第四军独立团所向披靡，使第四军以"铁军"之名蜚声海内外。激情澎湃的萧克哪能满足于在城市里做一个普普通通的和平兵呢？他以回家探亲为由向上级请假。之后，他追随着第四军独立团前进的步伐，一路北上。先到韶关，后到衡阳，再到长沙、武昌，却始终没能追赶上部队。

直到1927年5月，萧克终于在武汉追上了叶挺部队，他日思夜想的"铁军梦"终于实现了。当时，叶挺已被调入由第四军第十师扩编而来的第十一军，任第十一军二十四师师长。萧克被分配到二十四师，担任某个连的指导员。直到这时候，他才知道，大革命形势已经发生了剧变。身为北伐军总司令的蒋介石突然背叛革命，镇压工农运动，疯狂屠杀共产党人及革命志士，成了不折不扣的反动派。

山雨欲来风满楼。在这样紧张的气氛中，作为《向导》周报、《新青年》杂志的忠实读者，萧克心中其实已经有了明确的选择。他绝对不可能去镇压工农运动，不可能去追随代表大地主大资本家利益的蒋介石之流。他要寻找信仰马克思主义的中国共产党。尽管此时的共产党正处在血雨腥风之中，但他认定，只有共产党才是老百姓自己的党，才是救国救民、能挽狂澜于既倒的真正革命的党。不久，萧克面对鲜红的党旗，庄严地举起右手，坚定而有力地宣读誓词："努力革命，阶级斗争，服从组织，严守秘密，永不叛党。"

这时候，革命形势更加恶化，中共中央决定组织自己的武装对抗反革命势力的屠杀，领导中国革命，完成复兴中华的使命。在中国共产党的领导下，萧克所在的叶挺部队来到南昌，联合周恩来、贺龙、朱德、刘伯承等率领的部队，于1927年8月1日举行了武装暴动，这就是著名的南昌起义。

南昌起义后不久，起义军依据敌我形势主动撤出南昌，向南转移。萧克所在的部队撤出南昌后一路向南，抵达潮州、汕头，在当地建立了革命政权。但是，经历长途跋涉、严重缺乏弹药的起义军部队遭到数倍于自己的敌军的围攻，在七日之后不得不再度撤离。萧克所在的二十四师负责断后，在敌众我寡的情况下付出了巨大牺牲。惨烈的战斗打到最后，当时已升任连长的萧克看看自己的身边，全连仅剩七八个人。完成战斗任务后，连队分散突围。为了不暴露身份，萧克嘱咐大家脱下军装，化装成平民。

萧克最后成功逃出了敌人的魔爪，可身无分文的他不知道下一步该怎么办。破衣烂衫、满脸胡须的萧克迫切希望能找到党的组织。可这时候的广东和其他地方一样，到处都在抓捕共产党人和工农革命者。萧克一路乞讨，一路旁敲侧击地打听党组织的消息，但人海茫茫，"清共"妖风正猛，每天收获的都是失望。萧克想到，曾经的广州是全国革命的中心，那里肯定还有党组织在坚持斗争。于是，萧克偷偷爬上一条前往广州的货船，饿了两天两夜终于来到广州。

萧克这时候完全是一个乞丐模样，却没有真正乞丐的本事。他既不会高声乞讨，大唱莲花落，也不会装傻卖呆讨个喜头。他总讨不到更多的东西吃，每天都在饥肠辘辘中艰难度过。他有时帮人搬搬东西，有时帮人推推车，有几天还帮一个算命的先生看摊子，这样得一点报酬，有一餐没一餐地维持着，总算没有被饿死。

但他始终没有忘记自己的目的，依旧坚定地寻找党组织。

## 坚定信仰上井冈

萧克不得不离开广州，向家乡的方向走去。还是一路乞讨，一路探问。也许是社会形势太恶劣，人们慑于白色恐怖不敢多语；也许是他问得实在含蓄，转弯抹角的，被打听的人总是一头雾水。所以，几个月漂泊下来，一直到萧克已经走到湘南地区了，还是没有党组织的丝毫消息。

萧克看到自己已经到了湘南，离自己家乡也不远，就决定暂时不找了。他想到了几个熟悉的同志，老家就在湘南宜章这一带。萧克一家家去寻找，除了牺牲的外，真的找到了三位也是和党组织失去了联系，不得已偷偷躲在家乡的同志。

就在这时，消息传来，朱德、陈毅率领的南昌起义军余部也来到了湘南一带，举行了湘南起义。萧克闻讯，与其他几名同志一合计，决定行动起来。他们分头联络原来农会运动中那些积极分子，在宜章进行农民暴动。暴动结束后，萧克的农民武装已有五百多人，只是枪支太少，大部分人只能使用梭镖，所以这支农民暴动队被人们称为"梭镖营"。萧克则把这支武装命名为宜章独立营。这时候，镇压起义的敌军从四面八方气势汹汹地奔湘南而来。萧克率领宜章独立营翻过五盖山，向东转移，准备去寻找大部队。

一天，萧克率独立营甩掉尾随的敌军，悄然到达资兴县龙溪洞。萧克派出去探路的战士突然发出警报，说前方发现大群不明身份的武装人员。萧克一方面急忙宣布准备战斗，一方面匆匆赶到前方仔细观察，发现前方部队的着装不像是国民党正规军，也不像是地方民团武装，清一色的灰色布衣军装，头戴有棱有角的荷叶帽子。萧克心中正疑惑，突然，他看到队伍前头高高地飘扬着一面醒目的红旗，仔细辨认，上面有"工农革命军"字样，不禁大喜过望，彻底放下了戒备。这时候对面部队里有一个人走出来喊道：
"是朱军长吗？我们是井冈山毛委员的部队。"
显然，对方也看到了萧克队伍前头的红旗。萧克
大喜，一下跳出树丛，大声回应道："我是萧
克，湘南农民革命军宜章独立营的。"这时候双
方都发现对方是自己人，都纷纷走出各自藏身的
地方，走到了一起。萧克和最先喊话的陈毅安连
长紧紧握手，激动得什么话也说不出来。他心中
先是一阵狂喜，后是一阵酸楚，和上级党组织失
去联系将近一年了，他就像是一只失群的孤雁；
现在终于见到了毛委员的队伍，找到了党组织。

萧克在陈毅安的引导下快步走到毛泽东跟
前。陈毅安向毛泽东介绍："这是萧克，湘南农
民军宜章独立营副营长。"毛泽东握着萧克的手
说："真是幸会呀！你们暴动的事情我们大略都
晓得。我们特地来接朱德，没想到先接到你萧
克！好！好！好！"萧克是第一次见到这位鼎鼎
大名的农民领袖、中共中央委员、广州农民运动
讲习所最受欢迎的主讲人、《湖南农民运动考察

报告》的作者，不免有些紧张，赶紧向毛泽东汇报自己部队的情况，说："我们这支部队是由宜章暴动的农民积极分子组建的，有五百多人，只是枪太少，只有七十几支，大部分人用的是梭镖，别人都叫我们梭镖营呢。"毛泽东听完后，不由得赞叹说："你一个二十郎当的书生，就敢揭竿而起，发动农民暴动，搞起了五百多人的武装，不简单哪！我们一起上山搞革命吧!"

萧克带着他的独立营跟随毛泽东上了井冈山。走前，萧克看到有些人不愿意离开家乡，还有些人对井冈山一点都不了解，对革命有些悲观失望，于是集合起这支主要由农民组成的新生队伍，豪情满怀地大声说道："农民要翻身，就要打倒土豪和劣绅！过去农民暴动，总是失败，那是因为我们不够团结，尤其是缺乏一个强有力的组织来领导我们。现在我们团结在一起了，又有了中国共产党的领导，只要我们坚持革命，勇于斗争，不怕牺牲，就一定能夺取最后的胜利。"大家听了心悦诚服，一扫萎靡不振的思乡情绪，不由得拼命鼓起掌来。掌声响彻在密密的山林里，驱散了黑暗，一轮红彤彤的太阳从东方冉冉升起……

## 沙场百战为解放

　　萧克上了井冈山不久，朱德、陈毅带领的南昌起义部分部队与湘南农民革命军也上了井冈山，和毛泽东的工农革命军第一军第一师胜利会师。其后，这两股力量合编成中国工农革命军第四军，后改称中国工农红军第四军。萧克率领独立营加入这支最早的红军部队，成为让后人景仰的"朱毛红军"中的一分子，被任命为二十九团二营三连连长。

　　部队刚刚整编完，国民党军杨如轩师就兵分两路，向新生的红四军迎面扑来。萧克率领二营三连战士随二十九团急行军到黄坳村，接到前面侦察人员的报告说，敌人就在前面不远处。作为先锋连连长的萧克马上派出一个尖刀班战士，火速到前面探查清楚具体情况。战士们发现杨如轩部着装整齐，装备精良，但大多非常骄横，完全不把红军放在眼里，军纪松弛得很。正在休息的敌人连防备哨都没有好好设置，就三三两两坐在路边、河滩、树林里，睡觉的睡觉，聊天的聊天，乱糟糟的。萧克仔细听完尖刀班班长和他带回来的一个当地农民党员的敌情报告，立马转身，飞快找到营长，对朱舍我营长说："机会来了！我们马上出击，就一定能够打败他们！"朱营长有些犹豫，说："光我们这些人怕是不行吧，等主力二十八团跟上来再进攻也不迟呀！"萧克着急了，声音都不由得大起来："机会稍纵即逝，趁其不备才能赢！早一分钟动手就多一分胜算。我们枪声一响，二十八团立马就会赶来的！"朱营长一听有理，又想到队伍流传的关于萧克的传说——从北伐时期到湘南起义期间，萧克不仅打过很多仗，还有一个外号叫"萧三猛"，说他一上战场，就和平时的文弱书生样子判若两人，猛冲、猛打、猛追，不把敌人彻底打垮绝不收手。现在看到萧克胜算在握、双眼炯炯有神的样子，朱营长顿时下定了决心，对萧克下达了命令："马上出击！萧克正面冲锋！一连、二连左右两侧攻击！其他的跟上，听候命令！"

战斗很快就打响了。萧克带领三连战士，像刚出笼的小老虎，飞扑向还在休息的敌人先头部队。枪声、手榴弹爆炸声、喊杀声混杂在一起，突然震荡在这本来寂静的山野间，震耳欲聋，令敌人心惊胆寒。瞬息间，毫无防备的敌人便死伤惨重。等到他们刚刚有所反应，想要归集建制展开反扑时，萧克带领红军战士，犹如天兵天将，绝不会给敌人这个机会了。他们端起刚刚缴获的枪支，向敌人射出成串的子弹。敌人成片倒下，剩下的投降的投降，逃跑的逃跑，一片狼藉。仅仅十几分钟的时间，萧克率领前锋连和二十九团战友们一起，一举击溃了杨如轩部八十一团前锋部队一个营，击毙击伤敌人一百多人，俘虏近五十人。萧克取得了上井冈山后第一场战斗的胜利。他率领的部队以战斗经验严重不足、主要武器为梭镖的农民为主体，竟然打败了武装到牙齿的国民党正规军，这让广大红军战士坚定了红军必胜、革命必胜的信念。

不过，那只是井冈山波澜壮阔的革命斗争中冒出的第一缕硝烟。在随后的六年艰难岁月里，萧克跟随党，跟随毛主席、朱德，转战江西、福建、湖南、广东各地。在血与火的考验中，历经无数次战斗，身受无数次轻重伤，萧克逐渐显露出非凡的军事才华，早已不只是一个"三猛"战士，而成了中国工农红军中一位智勇双全、文武兼备的红军高级指挥员。萧克从红军连长开始做起，然后历任营长、团长、师长，一步步做到纵队司令员、军长，军团长。他为井冈山革命根据地、闽西革命根据地等众多革命根据地的开辟和创建建立了不朽的功勋。

美国记者尼姆·威尔斯听了萧克的故事后说，萧克将军就是一个"军人学者"，"因为他有着许多精确的事实和数字"。

美国记者哈里森·索尔兹伯里感叹道，萧克是"一个善于思考、有学者风度的人"，给人以文人的印象。

英国记者詹姆斯·贝特兰评点萧克将军"思维如箭一般敏捷而尖锐，蕴藏着一种令人生畏的力量"。

中国作家罗聪明特别为萧克作传，并在《后记》中说："他是马背上的浪漫诗人，一手拿枪，一手拿笔，无论歧路多艰，永远高歌猛进。……他对党组织誓死不贰，即使身陷囹圄流落他乡，依然追寻到底；……对共产党有着坚定信念的萧克，闯过了一道道生死大关与漩涡，从一个提着脑袋猛打、猛冲、猛追的'三猛'战士，成长为运筹帷幄、独当一面的红军将领，为他日后成为开国将军奠定了深厚的基石。"

有一次，萧克听说有人为他只被授予上将军衔鸣不平，他回应道："很多战友为了新中国的诞生在战争中都牺牲了，我早该被打死了，评不评衔、评什么衔，都行。"他认为，一切的功绩都是牺牲了的战友们的，是党的。

现在，你对萧克有什么想说的吗？

"永远跟党走，言行一致，
说到做到！"

——徐向前

## 涂向前（1901年11月8日—1990年9月21日）

中国无产阶级革命家、军事家，中国人民解放军创建人和领导人。原名象谦，字子敬，山西五台人。黄埔军校第一期毕业，1925年参加第一次东征。后任国民军第二军参谋、武汉中央军事政治学校教官等。1927年3月加入中国共产党。12月参加广州起义。后转往海陆丰地区，任工农革命军第四师师长等职。1929年6月起，任红军第三十一师师长，鄂豫边革命军事委员会主席，红一军副军长兼红一师师长，红四军参谋长、军长，红四方面军总指挥兼第四军军长。指挥鄂豫皖革命根据地历次反"围剿"和川陕革命根据地历次反"围攻"作战。曾当选中华苏维埃共和国中央革命军事委员会委员、中央执行委员。1935年5月初率部长征。红一、红四方面军会师后，任红军前敌总指挥部总指挥，坚决反对张国焘的分裂主义，维护中共中央和红军的团结。1936年7月任中共中央西北局委员。10月奉命率红四方面军主力西渡黄河，执行宁夏战役计划。11月任西路军军政委员会副主席兼西路军总指挥。抗日战争全面爆发后，任中共中央军委委员，八路军第一二九师副师长、第一纵队司令员，陕甘宁晋绥联防军副司令员，抗日军政大学代校长，晋冀鲁豫军区第一副司令员，华北军区副司令员兼第一兵团（后改为第十八兵团）司令员、政治委员，太原前线司令部司令员兼政治委员、中共太原前线总前委书记。中华人民共和国成立后，任中央人民政府人民革命军事委员会副主席、解放军总参谋长、中共中央军委副主席、国务院副总理兼国防部部长、中华人民共和国中央军委副主席。"文化大革命"中，同林彪、江青两个反革命集团进行坚决斗争。1955年被授予中华人民共和国元帅军衔和一级八一勋章、一级独立自由勋章、一级解放勋章。是中共第六、七、九、十届中央委员，第八、十一、十二届中央政治局委员，第三、四届全国人大常委会副委员长，第一至三届国防委员会副主席。主要著作编为《徐向前军事文选》。

新中国开国十大元帅功勋卓著，军事指挥水平出神入化。其中一位为人处世最为低调，不爱穿帅服，生活格外简朴，他就是有"布衣元帅"之誉的徐向前。

今天我们就来讲讲徐向前元帅不平凡的人生故事。

# 成长路上的救国求索

徐向前原名象谦，字子敬。"向前"是他初到大别山鄂豫皖革命根据地时改的名字：一是谐音"象谦"；二是警醒自己为革命忠贞不贰，永远向前。

1901年11月8日，徐向前出生在山西省五台县永安村一个没落的农村知识分子家庭。曾是晚清秀才的父亲是一名私塾老师，常年在外谋生；母亲操持家务，侍奉老人，教育儿女。徐家生活相当清贫，以至于徐向前直到十岁才正式入私塾读书。那年辛亥革命爆发，中国告别了延续两千多年的君主专制制度。

两年后，徐向前转到属于新式学堂的沱阳高等小学校就读。学校按新章程办学，徐向前不用再读"四书""五经"，而是学习国文、算术、历史、地理、英文、理化、修身等课程，最新鲜的是每天的体操，以及每周一次的"学生军"大操典。这对徐向前一生都有影响。徐向前热爱这所新风尚浓厚的学校。在这里，他的胸襟和视野都被大大拓宽了，辛亥革命、孙中山、民主共和、反袁斗争等概念汹涌而来，他的小脑袋里装下了无数新鲜的东西。

可惜，好景不长，正当徐向前沉浸在这所崭新的学堂，如痴如醉地学习时，古板的父亲却以儿子的白话作文不合八股文风为由，强迫儿子回到村里的私塾读书。徐向前苦苦哀求都没有改变父亲那保守固执的决定。当时，徐向前怎么也没有想到，再过一年后，他连私塾也上不了了。穷困的家境已经供养不起两个孩子读书了，最后，父母决定让徐向前辍学回家劳动，让他哥哥继续上学。

十四岁的徐向前挥泪告别了校园。他并没有责怪父母，他理解父母的难处。徐向前只是有些怨恨这个社会、这个国家，为什么如此贫穷落后、愚昧腐朽？

回到家里，徐向前小小的双肩就承担起了

家里家外几乎所有的体力活。哥哥在外读书，父亲在外谋生，家中的男子汉只有十四岁的徐向前了。他帮助母亲打理家务，挖野菜、拾粪便、割猪草、挑水施肥、背炭上窑……凡是一个农村小伙该干的活，他都干过。艰苦的劳动磨砺了他的意志，强健了他的体魄，这对后来徐向前走上革命道路，能够以坚忍不拔的意志始终保持旺盛的精力指挥作战，意义不小。辛劳并没有磨灭徐向前读书向学的心愿，一有空闲，他就要看书。父母看到徐向前那么疲累，还痴迷书本，自己却没有能力供养他继续上学，为此内疚不已。不久，父亲托关系找到一份在书店做学徒工的活，就赶紧让徐向前前往。

书店远离家乡，学徒工事务繁忙，徐向前却并没有感到太多的烦恼，因为有书可看，有事可做，这比辍学在家务农干活似乎好了很多。徐向前看小说，读历史，也思考未来。他仰慕梁山的英雄好汉、除暴安民的武侠剑客、智勇双全的中外将帅。他的内心渐渐萌生出想要改变社会、救国救民，就应当"仗剑走天涯，携武惩奸邪"的雄心壮志。

命运的转机随着一封信的到来而到来。那封信是在太原工作的哥哥寄来的，他带给弟弟一个喜讯——山西省立国民师范学校正在招生。那个时候，读师范是全部免费的，而且还发放膳宿费，所以许多家境贫困的学子都热衷于报读师范。徐向前知道这机会难得，很快就赶到太原，通过考试，顺利入读山西国民师范。这所学校是晋系军阀阎锡山创办的，所以除了师范类课程外，还特别设置了军事课、武术课，学生管理也是半军事化。这对徐向前后来选择报考军校且能够被顺利录取起到了不小的作用。恰好，五四运动带来的新思想如春风般吹遍大江南北，让徐向前有了不同的思虑。他阅读的书不再局限于小说、历史，政治理论刊物、兵法军事论著等成了他桌上最常见的读物。徐向前从来不是一个盲从的人，他喜欢阅读，更喜欢思考。凡事不弄明是什么，不搞清为什么，他绝对不会轻易行动。

　　民众勤劳为何还是贫穷？民族善良为何却总被欺凌？中国的出路到底在哪里？这些问题常常回旋在徐向前的脑海里，他一边学习着，一边总在寻找着答案。

　　师范毕业后，徐向前先后到过两所小学任教，都因为思想活跃、言论进步而被辞退。谋生无路，报国无计，正当徐向前彷徨于太原街头，苦思良策之际，他忽然听到孙中山创办的黄埔军校第一期招生的消息。徐向前毫不犹豫地告别亲友，奔向了广州，奔向了革命，开始了他波澜壮阔的军事生涯。

## 严峻时刻的革命抉择

　　黄埔军校，是孙中山在苏联和中国共产党的大力帮助下，为建立革命的武装而创办的。第一期四百七十名学生中，有共产党员和共青团员六十余人。这个时候的徐向前还只是众多进步青年中的一个。他经常参加周恩来负责的政治部所组织的各种活动，为共产党人的主张和革命热忱深深折服。徐向前特别欣赏后来被称誉为"黄埔三杰"之首的蒋先云，他们同在一个队，且同住一个宿舍。两人可以说是无话不谈，相互影响很深，而徐向前更是把蒋先云看作自己的良师益友。在这位年轻的老共产党员的影响和引领下，徐向前参与发起组建了"青年军人联合会"，这一团体在团结革命青年军人、宣传共产主义思想、发动民众、打击反动势力等方面都发挥了重要作用。

其实，这时候的黄埔军校内，国民党右派的势力很是猖獗。他们纠合起来，针锋相对地成立了国民党右派团体"孙文主义学会"，以排斥、打击共产党人和进步力量为宗旨。这个团体恶毒攻击青年军人联合会，到处造谣，煽风点火，甚至围攻、殴打青年军人联合会的积极分子。

徐向前处身其中，逐渐认识到共产党人救国救民理想的伟大，勇猛精进、无私奉献品格的高尚；看清了国民党右派"假革命，真反共"的丑恶嘴脸。他的心中似乎已经有了正确的抉择。

但徐向前最后下定决心，彻底投身共产主义运动，是在黄埔毕业之后。徐向前加入武汉中央军事政治学校，担任学兵队队长，领少校军衔。这所军校内，共产党的力量较强，徐向前生活工作在这些共产党员和国民党左派中间，有了更切身的感受。这里浓郁的革命氛围和政治气氛也深深感染着徐向前。白天，徐向前带领本队一百多名学员训练、操课、军事勤务；晚上，他从不参加喝酒、聚会等无聊的活动，而是关门看书，他完全撇开了小说等娱乐消闲读物，专门阅读有关共产主义的书籍报刊。他读马克思、恩格斯、列宁，也读布哈林、李季；他还读瞿秋白、陈独秀、鲁迅……他一边阅读，一边思考。结合自己几年来的生活斗争经历，徐向前看清了新旧军阀的反动本质，看透了国民党右派腐败虚伪的真面目，更痛切地感受到军阀混战给国家、民族和人民带来的深重灾难。直面严酷的现实，他在心中做出了慎重抉择。

　　这时候，在浓烈的革命气氛中，已经隐隐滚动着反革命的暗流，国民党右派的反共活动更是日渐猖獗，敏感的人已经能够闻到反动派磨刀霍霍的血腥味，许多心志不坚的人纷纷转向，更多的人从积极转为消极，渐渐远离革命组织，疏离共产党的活动。但严峻的形势没有让心怀理想的徐向前有丝毫的犹疑，他找到学校的共产党员樊炳星、杨德魁，表达了自己的入党意愿。

　　1927年3月，徐向前正式加入了中国共产党，成为一名为了共产主义奋斗终身的共产党员。宣读完誓词，徐向前神情庄重地说了一句话："永远跟党走，言行一致，说到做到！"这让入党介绍人樊炳星、杨德魁记忆深刻。

## 永远向前的布衣元帅

　　1927年夏，革命形势急转直下。血雨腥风中，从武汉到九江，九江到武汉，再到上海，又从上海到广州，几经辗转，徐向前不顾生命危险寻找到党组织后，受命秘密来到曾经的革命策源地广州，紧锣密鼓地开始了起义的准备工作。

徐向前最初的任务是秘密组建并训练工人赤卫队。徐向前全身心投入"纸上谈兵"式的速成军人训练中。工人们白天要上班劳动，晚上才能参加训练，而正式起义的时间已迫近，徐向前心里很着急。正当他想办法提高训练效果时，起义时间突然提前了。匆忙间，徐向前和党代表一起，整编队伍，任命干部，分配任务，佩戴红布条标志，告知紧急应变事项等。趁着集合出发前的片刻时间，徐向前还不忘叮咛，最要紧的是在保护好自己的前提下尽可能地消灭敌人，然后又一次向赤卫队员们普及了常见枪械的操作方法。

让徐向前又惊讶又欣慰的是，第一次参加战斗的赤卫队员们很是勇敢。他们冒着敌人的炮火向前冲杀，任凭子弹在身前身后乱飞也要运送弹药到前线，前面有人倒下了，后面就有人接过弹药箱继续向前。可惜的是敌人太强大，人数众多，武器精良，弹药充足，仓促间组织起来的起义军不仅寡不敌众，还严重缺少枪支弹药。广州起义革命军付出了惨重的伤亡代价，三天后，不得不退出了广州。徐向前坚守到最后，不得不带着剩下的几十个战士撤离了战场，追赶起义军主力部队。

在奔向海陆丰的行军路上，广州起义部队一千余人改编为红四师，徐向前被任命为第十团党代表。红四师和红二师在海丰胜利会师后，徐向前先后被任命为红四师参谋长、师长。不久，在敌人的重兵"围剿"下，既没有地理屏障，又缺少正确的战略指导思想的海陆丰革命根据地全部丢失。徐向前领导的红四师经过近半年的鏖战，只有消耗没有补给，缺医少药，几乎弹尽粮绝，只剩下了几十个人。为保存革命精英力量，上级下令红四师解散后分批转移，徐向前黯然离开了鏖战了近一年的东江游击战场。

广州起义和海陆丰游击战的接连受挫，让外表温文尔雅的徐向前从此有了一种特别刚烈凛然的内在气质，也锻炼出他非凡的勇气和丰富的作战经验，尤其养成了他越是困难越向前的钢铁般的指挥风格。熟悉他的部下都知道，战事一起，徐向前必然冲锋在前，哪里战斗最激烈，哪里就有徐向前！

1929年6月，党中央派遣徐向前前往鄂东北根据地。多年后，老战友们常回想起徐向前初到大别山时的情景。一个山西口音的高个子瘦弱书生，突然空降到红三十一师任副师长。那时候，师长已重伤离队（实际上已经牺牲，为稳定队伍所以没有公布实情），这支刚刚由黄麻起义后留下的农民军组建而成的新部队虽然号称有四个团，其实只有四个大队三百余人，不足一个营的兵力，还有百来人没有枪，只有大刀、长矛。一向很有威信的师长一离队，整个部队群龙无首，人心浮动。就在这个时候，实际上的全师当家人徐副师长走马上任了。初见徐向前，战士们并不了解他，也就对他并不是那么信服。徐向前孤身一人上任，没带参谋，更没有贴身警卫，身材瘦高，一点也不虎背熊腰，貌似一个秀才书生，这样的人能带好兵？后来，战士们听说他是黄埔生，就增加了些许信任；又听说他参加过广州起义和海陆丰革命根据地建设与保卫战，则又增添了一分信任。上任后不久，徐副师长的行为和举止就得到了大家的连声称赞，让战士们无不由衷地佩服。才几天的工夫，徐副师长就和全师上上下下熟悉得像多年在一起的朋友一样。而绝对的威信，是徐副师长带领他们一次次上阵杀敌，一次次创造奇迹般地获取胜利时建立起来的。许多年后，卸任国家主席的李先念回忆起他的老上级时说："向前具有惊人的军事胆略，从不知恐惧为何物。越是大仗、硬仗、恶仗来临，他越是生龙活虎，精神百倍。"

仅仅一年的工夫，徐向前带领的红三十一师就发展到一千二百多人。这支农军后来成为红四方面军的骨干力量，在创建鄂豫皖根据地的斗争中发挥了重要作用。

外表文雅纤瘦的徐向前有着和他的外表截然

相反的指挥风格。他善打硬仗、恶仗，也擅长巧战、智战，常用奇招、妙招克敌制胜，指挥作战时常能化弱军为强军，以少胜多。解放战争时期的山西战场堪称徐向前元帅军事指挥艺术的典范之作。

那时候，徐向前被任命为华北军区副司令员兼第一兵团司令员、政委，担负消灭阎锡山所辖的武装力量，解放山西的任务。这时候，阎锡山的晋绥军约有十三万兵力，拥有军事上的绝对优势；反观徐向前统领的华北野战军第一兵团，是刚刚从地方武装发展起来的新部队，总兵力约六万人。敌我力量悬殊，同时在地利上，阎锡山也是占尽优势。阎锡山自太原以南，依据山形地势和道路方向，在汾河两岸修筑了多道堡垒防线，硬生生把山西分割成晋北、晋中、晋南三块区域，并以同蒲铁路相贯通。运城、临汾、太原等重要城市的城防经过几十年的经营，更是坚固无比，都号称攻不破的钢铁城。因此，阎锡山对外宣称，山西迎战解放军绰绰有余，绝对能够支撑到第三次世界大战爆发。

徐向前对敌我双方的情况了如指掌。他成竹在胸，先出奇兵攻下运城，又率大军来到晋南最大的城市临汾。临汾城城防坚固，易守难攻，当年李自成率大军围攻临汾时被射瞎了一只眼睛，最终也只好遥望厚厚城墙恨恨而去。徐向前不想重蹈当年李自成的覆辙。他思虑再三，在大力开展了一段时间的练兵运动之后，破天荒地抛出了"土行孙攻城战术"，也就是通过挖地道的方式攻击敌人。解放军在临汾城下挖出了几十条通向内城的坑道，有的坑道底下再挖坑道，虚虚实实，让敌人穷于应付，最后在其中的两条隐秘的坑道中分别装填了1.24万斤黑色炸药和6000斤黄色炸药。随着进攻的信号弹在空中画出闪亮的弧线，两声天崩地裂的轰鸣突然震响在古城的上空，厚重坚固的临汾城墙顿时豁开了两处40米宽的缺口，成为解放军勇士们冲锋陷阵的通衢大道。

临汾城一举拿下，晋南全部解放，徐向前又率领五万余得胜之师横扫晋中地区，仅用一个多月的时间，攻克了十四座县城，歼灭阎锡山的"亲训师"等野战兵团十多万人，取得了以少胜多的优秀战绩。这让毛泽东惊奇不已，后来还当面问过徐向前："你们仅五万余人，一个月时间就灭了阎老西十万，单单他的精锐野战军团就被你吃掉了八个旅，你详细讲讲，你那个晋中战役是怎么打的？"

还没有来得及休整完，徐向前又发起了太原战役，这是解放山西的最后一战。阎锡山收拢十多万部队，集中驻防在号称固若金汤的太原城内外。太原城周边，阎锡山还修筑了百余里防线，有各种碉堡五千余座，交通要道上还精心构筑着"四大要塞"。阎锡山多次对外夸耀说，太原城是经得起百万大军狂轰滥炸的"碉堡城"。

谁也没有想到，徐向前派出精兵，夜走小道，翻越陡峭的山崖，奇袭东山四大要塞，一举攻破太原城东群山防线，让太原城完全暴露在我军攻击之下。但徐向前并不急于攻城，因为强攻硬打是要付出更多代价的，他珍惜每一个战士的生命，绞尽脑汁地思谋减轻伤亡的攻城办法。围困、政治攻心、军事打击，徐向前指挥部队交错使用这些手段，致使敌军陷入混乱和恐慌，更有许多阎军官兵投诚和起义。半年后，徐向前发布总攻的命令，不到三天，太原十万守敌就土崩瓦解，太原城彻底解放。

在这一年多的时间里，徐向前抱病亲临山西前线，将地方部队训练成钢铁之师，再次化弱旅为强军，指挥临汾、晋中、太原战役，以少胜多，以弱克强，取得歼敌二十五万八千人的巨大胜利。

## 战功赫赫的低调人生

有人说，徐向前一生征战，战功赫赫，肯定是一个赳赳武夫吧。其实，从外表看，没有人能看出徐向前是一个勇不可当的将军。功勋卓著的元帅常年一身布衣，活脱脱就是一个农夫，一个小学堂里的先生。低调的徐帅兴趣广泛，嗜好读书，会唱戏，能摄影，懂乐器，还能缝缝补补做得一手好针线活，是少见的会织毛衣的元帅。

再来欣赏一下徐帅的文才吧，八十多岁回忆起峥嵘岁月时，徐帅写下了《忆响堂铺之战》这样气势恢宏的诗篇：

　　巍巍太行起狼烟，黎涉路隘隐弓弦。

　　龙腾虎跃杀声震，狼奔豕突敌胆寒。

　　扑天火龙吞残虏，动地军歌唱凯旋。

　　弹指一去四十载，喜看春意在人间。

有人总结徐向前一生的赫赫战功，认为他在漫长的军事生涯中曾经创造了中国人民解放军军史上十八个第一，此处列举其中的几个：

红军时期，徐向前是第一个当上方面军军事总指挥的黄埔毕业生，是黄埔一期在人民军队中军职最高的将领；

鄂豫皖根据地第一次"围剿"作战时，徐向前指挥双桥镇战斗，红军第一次歼灭国民党一个整师；

徐向前指挥的苏家埠大捷是红军时期围点打

援的第一范例；

　　徐向前第一次创造性地使用"收紧阵地"战法，是中国战争史上的一大发明；

　　全面抗战时期，徐向前指挥的响堂铺战斗是当时八路军一次击毁日军汽车最多的战斗；

　　太原战役是解放战争中我军第一次在兵力劣势的情势下主动发起的城市攻坚战役；

　　…………

　　不要说十八个"第一"了，就算只创造了一个这样类型的"第一"，那也必定是英雄人物，而徐向前元帅竟然创造了这么多辉煌的"第一"，可见他立下的功勋是多么卓著哇！

"不艰苦怎能叫革命"

——杨靖宇

## 杨靖宇（1905年2月13日—1940年2月23日）

中国无产阶级革命家，东北抗日联军创建人和领导人。原名马尚德，字骥生，又名张贯（冠）一，河南确山人。回族。1926年加入中国共产主义青年团。1927年6月转为中国共产党党员。大革命失败后，组织确山起义。任农民革命军总指挥、中共河南省信阳县委书记。1929年春起，先后任中共抚顺特别支部书记，中共哈尔滨市委书记兼满洲省委军委代理书记，红军第三十二军南满游击队政治委员，东北人民革命军第一军第一独立师师长兼政治委员。曾当选中华苏维埃共和国中央执行委员。1934年4月联合17支抗日武装，成立抗日联合军总指挥部，任总指挥。后任东北抗日联军第一军军长兼政治委员、第一路军总司令兼政治委员，中共南满省委书记。1939年在东南满地区秋冬季反"讨伐"作战中，与魏拯民等指挥部队化整为零、分散游击。他率警卫旅转战于吉林濛江（今靖宇）一带，最后只身与日军周旋五昼夜，于1940年2月23日在濛江三道崴子壮烈殉国。

# 铁血丹心为国死

1940年2月23日，吉林省濛江县保安村不远处一个叫作三道崴子的地方，从长白山上呼啸而来的寒风格外凛冽，积雪没过膝盖，每走一步都非常艰难。零下三十多摄氏度的山野里，鸟飞绝，人踪灭，只剩下光秃秃枝干的褐色树林峭愣愣如鬼一般，山风刮过，发出一阵阵凄厉的恐怖啸声……

突然，一阵杂乱刺耳的枪声由近及远，渐渐传向山林深处。一个满脸胡须、身穿破烂棉大衣的高个子大汉，一边在雪地里连滚带爬地艰难奔跑，一边扣动双枪向后连连射击。不远处，一大群日本侵略军和伪军像饿狼般紧紧咬住前面的大汉不放。这些可恶的敌人穿着整齐厚实的黄色军大衣，粮食等物资充足，配备的武器精良，机枪、步枪、手枪，甚至迫击炮，他们全部用上了，就为了对付这么一个孤身作战的抗联战士。

已经断粮一个多月的抗联战士，此时此刻已经疲累到了极点。他刚刚停下来想缓口气，几声机枪的点射声就突兀地响起，罪恶的子弹洞穿了这个战士瘦骨嶙峋的高大身躯，他倒下了，但顽强的毅力让他又颤巍巍地站了起来，冷笑着看了看正嗷嗷叫着冲向自己的敌人，艰难地举起手枪，对着自己扣动了扳机。合围追击而来的敌群猛然停下，又遽然退后，散开，趴下。他们过了好半天才胆战心惊地靠近静静躺卧在雪地里的英雄，一再检查，最终确定这名让他们死伤惨重的钢铁战士确实是死了，这才把他的遗体抬上了担架。

这时候，惊魂甫定的他们才发现，这个个子高大的战士其实体重很轻很轻，支离的身子到处都是伤口，衣着单薄还破烂不堪。这让他们十分疑惑，惊恐不安：一个衣着如此单薄，断粮断食多日，且浑身是伤的人，是如何在如此天寒地冻的恶劣环境里，带领几十个人同成百上千的日军周旋鏖战数月，甚至仅凭他一个人，就能够阻击伪满特工队上百号人大半天，直至战斗到最后一刻才自杀殉国的？

日寇们自始至终都不明白，因为这个中国人完全违背了有关生理极限的常识。于是，他们残暴地剖开了他的腹腔，切开胃后发现里面连一粒小米也见不到，里面充塞的只是草根、桦树皮、棉絮、牛皮带。到底是什么支撑着这位铁血战士坚持到最后的？他是战士中的战士，是英雄中的英雄啊！

等到几个可耻的叛徒看过尸体之后，他们最终证实，这名让他们又恨、又怕、又敬服的敌人就是日本关东军悬赏一万大洋要买其人头的抗联总司令杨靖宇将军。

日寇和伪满汉奸们大喜若狂，弹冠相庆，但他们的内心却难掩恐惧与不安，甚至预感到末日不远了。因为一个杨靖宇倒下了，千万个杨靖宇将站起来！内心恐慌的敌人在报纸上用巨大的字体做标题，谎称"怨敌杨靖宇被射杀！"并割下英雄的头颅轮流在东北一些城市悬挂示众，最后又将这颗抗日英雄的遗首送往伪满洲国"首都"新京（今长春）请求奖赏。但这只能让更多人被这位钢铁战士的英勇与执着所鼓舞。

铁血丹心为国死，英雄忠魂铸史碑。杨靖宇将军是不死的。"捐躯赴国难，视死忽如归。"他的浩然正气、铁血精神和刚毅的报国之心是永远不死的！

## 初心强国百炼钢

杨靖宇原名马尚德，他的故乡和白山黑水的东北相隔遥远，是河南省确山县李湾村。1905年2月13日，杨将军出生在这个普通的乡村的一户普通的贫寒人家。杨靖宇的童年在不幸中度过，也目睹了乡亲们的无数苦难。那时候，他小小的心里就有了无数的疑团：为什么我们如此勤劳还过得这么辛苦？为什么我们善良的老百姓总是被那些不劳而获的人肆意欺凌？是不是我们的老百姓太胆小怕事，太不团结了？是不是我们的国家太贫穷，太落后了？杨靖宇从这个时候就朦胧地生出了爱国、报国、强国的赤子初心。

七岁的时候，不识一字的寡母节衣缩食将他送入村里的私塾读书。饱学的私塾先生给只有乳名的他取名"尚德"，也就是"崇尚贤德"的意思；又取字"骥生"，希望他成为国家的栋梁之材，做鹏程万里的千里良驹。谁也没有想到，多年后，这个马尚德，也就是后来名扬中外的杨靖宇，竟然成了比先生的期许更高的风流人物。一位著名的民族英雄不就是最伟大的"贤德"，最令人仰慕的"良驹"吗？

私塾学习结束后，杨靖宇考入了确山县高等小学就读。这期间，恰逢俄国十月革命胜利，马克思主义的思潮一扫古中国封建礼教等陈腐落后的传统思想，一时间成为新青年们追慕的新风尚。自小就富有正义感的杨靖宇更是在这股新风的吹拂下，从开始的新鲜新奇，到疯狂搜寻有关进步思潮的书报和小册子学习，直至最终欣然接受。他单纯的个人"正义感""正气精神"和强国梦想在马克思主义的浸润下渐渐发酵，萌生出共产主义思想和社会主义革命的新芽。

杨靖宇的眼睛更明亮了，胸襟更开阔了。他终于明白，要祛除苦难、争取自由，实现救国救民的理想，只有团结全天下的苦难同胞，砸碎旧制度的牢笼，走一条划时代的革命之路。

正在这个时候，五四运动爆发，它像一场飓风，在短时间内席卷全国。杨靖宇和同学们的爱国行动让教育行政当局和学校领导大为不满。为达到制止学生运动的目的，他们故意诬陷一位对学生运动大力支持的李姓工友，说他偷了学监的一件衣服。老李平白受冤，当然不肯承认。于是，学监和学校训导处主任等人就请来几个兵差，把老李五花大绑起来，高吊在一棵粗壮的槐树上鞭打拷问。鞭子重重的着肉声，老李痛彻心扉的惨叫声，学监那恶狠狠的逼问声，可怕地交织在一起，将本来清静的学园变成了人间地狱。

看到此情此景，全校同学都义愤填膺，但

一时间都慑于学监和训导处主任的淫威，没有人敢出头上前制止。就在这时，恰巧正在外出中的杨靖宇闻讯赶回了学校。他飞步冲上前去，一把夺下鞭子，大喝一声："住手！你们滥用私刑，草菅人命，是犯罪！"几个兵差打人正在兴头上时被夺了鞭子，还被吓得打了好几个哆嗦，已是老大地不高兴，这时看到对方只是一个半大小伙子，不由得恼羞成怒，几个人蜂拥而上，冲向杨靖宇。

没承想，杨靖宇从小习武，一向认真读书却不忘健身。他丝毫也不畏惧。只见他两腿微微下蹲，不丁不八地稳稳站着，一把揪住那个首先冲向他的高大健壮兵差的手臂，身子一侧，顺势使劲往后一抻。那兵差收势不住，擦过杨靖宇的身子向后径直跌去。杨靖宇又顺势一脚猛烈的侧踢，踢在对手的胯骨上。那自以为孔武有力，一旦出手肯定是手到擒来的兵差像一个破烂的布袋，"啪"的一声重重地摔在地上，吃了一嘴的烂泥巴，真真实实的狗啃泥！他使劲挣扎，还是半天爬不起来。同学们看到杨靖宇如此勇敢善斗，不由得大声叫好；一部分人飞快地救下老李，送往医院救治；大部分人呼啦一声冲上来，将几个兵差紧紧围了起来，拳脚齐上，石块、脏水、烂菜叶飞砸向这几个刚刚还是耀武扬威的帮凶、打手。几个兵差无法招架，不得不架起受伤的同伴，在同学们的嘲笑声中狼狈逃窜。

1926年秋天，杨靖宇受党的委派回到了家乡确山。为了配合国民革命军的北伐行动，杨靖宇决定在确山组织农民暴动。翌年4月5日，暴动开始了。杨靖宇担任农民暴动总指挥，带领参与暴动的农民、进步学生及其他群众共五万余人，呐喊着冲向确山城。驻防确山的是直系军阀吴佩孚第八军的部分留守部队。刚刚组建的农民军以梭镖队、大刀队为基础，严重缺乏枪支弹药，更不用说可以攻城的大炮等重型武器。杨靖宇组织人员自制炸药、土炮、鸟铳、抬枪，把它们全部用在攻城的战场上。一时间，枪炮声大作，震耳欲聋；五万余农军齐声呐喊，震天动地。经过四天四夜不间断的激烈攻击，负隅顽抗的敌军终于抵挡不住，仓皇打开城门，一溜烟似的逃跑了。

暴动成功后不久，杨靖宇在确山县城关镇老虎笼村正式加入了中国共产党。

"弃身锋刃端，性命安可怀？"从此，杨靖宇彻底走上了革命的道路，并逐渐成为中华民族奋斗历史上又一个可歌可泣的英雄人物。

## 白山黑水慑寇胆

四一二反革命政变发生后，中国彻底陷入血雨腥风的白色恐怖之中。1929年，杨靖宇被特别选派到上海，参加了中共中央秘密举办的"中央军政干部培训班"的学习。培训结束后，周恩来特意找到杨靖宇，传达了中央派遣他先前往东北，再相机赴苏联学习深造的指示。

"父母且不顾，何言子与妻！名编壮士籍，不得中顾私。"挥手告别熟悉的鄂豫皖，离开魂牵梦绕的家乡，远离妻子儿女，杨靖宇的脑海里回荡着他喜爱的《白马篇》诗句。这时候的杨靖宇有些儿女情长，但正是为了让更多人能与妻子儿女团聚，过上好日子，不再受离别之苦，他才毅然决然地走上了充满坎坷的革命之路。

杨靖宇一踏上黑土地，就没来由地爱上了这白山黑水。九一八事变后，杨靖宇奉命调任满洲省委军委代理书记，开始了他在东北的抗日救国军事斗争征程。这时候，他开始使用"杨靖宇"的化名，东北人口中的"杨靖宇"就是"杨政委"的谐音。从此，"杨靖宇"这一名字响彻东北的山山水水：日伪听了，惊恐万分；东北的乡亲听了，亲切温暖。"杨靖宇"是东北永远飘扬的抗日旗帜。

杨靖宇经过艰难的努力，将分散在东北各地的十七支抗日武装全部联合起来，成立了东北抗日联军。杨靖宇被推选为联军总指挥。

这时候的杨靖宇，经历过多年的地方武装斗争磨炼，早已经是一位优秀的军事家。他用兵如神，完全跳出了军事教条的框框。他指挥作战机动灵活，常常有出其不意的神来之笔，犹如羚羊挂角，无迹可寻。被后人广为传颂的"杨司令智戏邵本良"就是作为军事家的杨靖宇的经典战例之一。

做了二十多年土匪的邵本良，曾被东北军收编为团长，九一八事变后又转投日本人，做了日伪军"剿共团"团长。因凶残奸恶、老奸巨猾，且精通枪法又"剿共"有功，深得日本主子欢心，被任命为伪满洲国东边道少将"剿匪"总司令。他熟悉山地丛林作战，就着大山将老窝筑在柳河县的三源浦和凉水河子，对外宣称，"剿灭"杨靖宇就像捕杀一只野山羊，吐口唾沫般轻而易举。话音未落，手下报告说，据可靠情报，杨靖宇要来攻打他们的老巢凉水河子。邵本良怒不可遏，心想这杨靖宇是老虎头上拍苍蝇——好大的胆子，真是不知死活。他紧急集中队伍火速赶往凉水河子。大部队紧赶慢赶，眼看再翻过一个山梁就可以看到目的地的时候，后面一匹快马疯了似的赶来，人没到，就扯直嗓子号哭着说：
"邵司令，大事不好了！杨司令掏了我们的三源
浦，留守的一个中队一个不留，全没了！"邵本
良这个气呀，几乎要吐血。他给了那报信的亲信
一个耳光，大骂："哭丧吗？什么杨司令？你个
天杀的匪首杨靖宇，你等着，别跑！"他立马命
令部队前队变后队，向刚刚出发的地方飞奔而
去。等到气喘吁吁、精疲力竭地赶回来，他们连
杨靖宇人马的影子也没有看到，看到的只是几缕
袅袅升起的硝烟和一片狼藉：横七竖八倒在地
上死相难看的日伪官兵，被搬空了的弹药库、粮
仓、军需储备室……真正对上了杨靖宇，从来自
我感觉良好、自觉老子天下第一的邵本良这才知
道他的对手是多么可怕。

　　气急败坏的邵本良不敢隐瞒，立马修好电
话向日本主子汇报情况，请求火速增援。敌人派
来几千日伪部队，沿着杨靖宇撤离的方向追击而
去。邵本良自告奋勇带兵在前带路，一路寻踪觅
迹，仔细搜索，不放过丝毫痕迹。可是什么也没

发现。诡计多端的邵本良不甘心失败，就进一步扩大了搜索范围，并渐渐对重点怀疑区域形成包围圈，可两三天下来还是一无所获。

这时候的杨靖宇，其实就在邵本良不远处潜伏着，看着敌军在那里瞎折腾。突然，一个暗哨向杨靖宇报告说，抓获一个据说是邵本良传令兵的人，从他身上搜出一份给一个营长的命令。该命令要求这个营长务必克服兵力不足的不利条件，守好西北方向阵地，等待大部队增援。杨靖宇一看，就发现了其中的猫腻，心中不由生出将计就计的计谋。深夜，邵本良"命令"中的西北方向果然响起了密集的枪声，而这里正是诡计多端的邵本良重兵布防的方向。他听到了枪声，不由露出了得意的奸笑：不怕你杨靖宇奸猾似鬼，也要喝老娘，不，老子的洗脚水。可是枪声过后，左等右等，就是不见杨靖宇的人马过来。等到天亮，包围圈中一只鸟也看不到了。原来，杨靖宇带着大部队早就从枪声相反的方向悄然突围而去。那些枪声，无非是用篝火做火源，导线做引线，延时燃放的爆竹的声音，以及几只被悬空捆绑在洋铁桶上面的小山羊四条腿挣扎着敲打在铁桶上的声音。

## 碧血青蒿两千古

杨靖宇带领抗联第一军在南满一带非常活跃。"杨靖宇"这个名字日夜威胁着日寇在东北的野蛮统治。为清除这个威胁，日寇暴露出其毫无人性的邪恶本性。他们建立起残酷的管理制度——"集团部落"。他们对抗日联军实行极端严酷的经济封锁，并以极端邪恶的亲情胁迫来进行劝降分化。此外，他们还推行苛刻严格的"保甲连坐制度"。这些罪恶的"治安肃正"制度基本阻断了人民群众为抗日武装提供补给与支持的渠道。杨靖宇和他的抗联部队顿时陷入孤立无援的困境。部队的生存受到严重威胁，战士的身心经受着严酷的考验。在这样险恶的境况下，杨靖宇带领部队向人迹罕至的深山区转移，在长白山、小兴安岭一带潜伏下来。东北的抗日民主运动转入低潮，抗日联军陷入最为艰难的险境。

还有更为可怕的情况出现了。杨靖宇的老部下和心腹爱将，第一军第一师师长程斌叛变投敌，让抗联部队失掉了大部分抗日游击区，也让大部分地下党组织遭到破坏。这个可耻的叛徒多年跟随杨靖宇，对军队的内部情况、组织机构、行动决策等都非常熟悉，对杨靖宇本人的性格、作战习惯、战略战术、部队行军路线安排等也都了如指掌。尤其是，为了向日伪主子邀功，程斌带人摧毁了七十多个抗联部队赖以生存的粮食被服与弹药储存基地——密营。

得知这一危急情况，杨靖宇急忙命令抗联第一军主力部队分散游击，逐步向河里地区转移，自己则带领一部分部队急奔桦甸、濛江一带的山区，以牵制围攻而来的大批日伪部队。

叛徒程斌带着日伪特别行动队再次充作急先锋，伪通化省警务厅厅长岸谷隆一郎指挥四万日伪部队日夜兼程，气势汹汹而来。

　　1939年的冬天特别寒冷，但这并不可怕。最可怕的是，杨靖宇亲自派出去执行敌情侦察任务的警卫旅第一团参谋丁守龙被捕叛变，将抗联部队的详情、杨靖宇活动路线以及目前藏身的地点等信息全部告知了敌人。敌寇大喜若狂，如获至宝，立即调动部队火速赶来。四万日伪大军蜂拥而上，将杨靖宇率领的仅有三百余人的警卫旅围了个水泄不通。面临绝境，杨靖宇沉着冷静地指挥部队集中突围，抓住敌军因刚刚合围，包围圈还不够严密而产生的缝隙，集束手榴弹开路，机枪连紧接着冲锋，集中火力终于撕开并扩大了那个缝隙。战士勇敢地冲出了包围圈。但部队伤亡惨重，事后查点人数，杨靖宇身边只剩下两百来人。

　　此后的两个来月，杨靖宇带领这小股部队在极度寒冷的林海雪原和敌人展开了艰苦卓绝的游击战。不幸的是，因为大雾，视线不明的部队在马屁股山和敌人发生了遭遇战，敌我双方在浓雾中激烈搏杀，都伤亡惨重。好不容易冲出重围，部队又在那尔轰遭遇了日寇大原大队和小滨大队，少不了一番激战。此时紧紧围拥在杨靖宇身边的只剩四十来人。祸不单行，这时候，杨靖宇的警卫员和养子张秀峰带着几支手枪、许多机密文件和作为军费的九千多块大洋投降了敌人，和盘托出了杨靖宇的确切行踪。

有了明确的方向和目标，无数的敌军从四面八方向杨靖宇扑杀而来。一场苦战紧接着一场苦战，当部队转战到濛江泊子时，杨靖宇的身边只剩下十四个战士，还个个带伤。杨靖宇看着依然坚毅的战友们，心情非常沉重：连续几个月的行军打仗，饥寒交迫，再这样下去，一个都活不下去；多活下一个，就是多活一个战士，就多一份抗日力量。想到这里，他决定分开行动。他让十二个战士分散隐藏起来，等待时机成熟再突围出去；自己仅带了两个警卫员，故意发出声响，把敌军的追兵引向自己的方向。把这股追兵摆脱后，杨靖宇故意命令最后两个战士去帮自己找吃的，找借口让他们离开了自己。杨靖宇心里明白，此时在自己身边是最危险的，因为自己才是敌人最大的目标。他不想因为自己而牺牲掉这最后两个英勇的抗日战士。

孤身一人的杨靖宇，在饥寒交迫、疲惫不堪和伤病折磨中，又和敌人周旋了近一个星期，最后壮烈牺牲，年仅三十五岁。

郭沫若曾题下《咏杨靖宇将军》一诗："头颅可断腹可剖，烈忾难消志不磨。碧血青蒿两千古，于今赤旆满山河。"杨靖宇英雄的精神永存！

# "抗美援朝，保家卫国"
## ——中国人民志愿军

# 中国人民志愿军

中国人民志愿军是中华人民共和国成立初期，中国人民为"抗美援朝、保家卫国"而组成的志愿赴朝鲜参战部队。1950年10月8日，东北边防军改编为中国人民志愿军，彭德怀任司令员兼政治委员。10月19日，中国人民志愿军开赴朝鲜战场。先后有步兵27个军，空军12个师，地面炮兵10个师又18个团，高射炮兵5个师又10余个团，装甲兵3个师，工兵15个团，铁道兵10个师等参加抗美援朝战争。最多时达135万人。1953年7月，抗美援朝战争取得胜利。其间，陈赓曾主持过志愿军总部工作，邓华曾任代司令员兼代政治委员。邓华、杨得志、杨勇先后任司令员，李志平、王平先后任政治委员。1958年10月25日，中国人民志愿军全部撤离朝鲜回国，"志愿军"番号撤销。

2022年9月16日上午9点，沈阳。桃仙国际机场至抗美援朝烈士陵园的公路两旁，是密密的人群形成的汹涌的人流，绵延四十多公里。成千上万的人不管路程远近，从四面八方早早赶到这里。每个人都怀着十分虔诚和尊敬的心，来到这里迎接漂泊异乡七十多年的忠魂——中国人民志愿军烈士——回家。

国产军机运-20接迎，歼-20护航，"双20"列阵壮阔的长空，迎候并告慰这些先烈的英魂。

鲜花铺平了归家的路，人们伫立公路两旁，噙着泪，迎候着"最可爱的人"回家。

在这迎候的人群里，有一个身穿志愿军旧军服的老人陈虎山，七十年前，他的家人收到他的哥哥陈曾吉的一封家信，说打完仗就回家。可是，一年又一年，哥哥始终没有回家。父母亲望眼欲穿，每天都念叨着自己的儿子，每逢年节，餐桌上总要给这个儿子留一个位子，摆上一副碗筷，呢喃着说："曾吉呀，回家吧，回家吧！"

今天，父母家人日日期盼的儿子终于回家了。可是，父母带着永远的遗憾已经看不到了。通过DNA比对，年近九十的陈虎山终于找到了失散七十年的哥哥陈曾吉。陈虎山老泪纵横，双手颤抖着抚摸棺椁，抚摸着那上面覆盖着的鲜艳的五星红旗，哽咽地诉说着："爸妈一直在等你回家，直到临终也不肯瞑目哇。多么漫长的等待呀，今天，我等到你，我们一起回家吧——"

上演这一幕的何止陈虎山一家？据不完全统计，抗美援朝战争中，中国人民志愿军阵亡115786人，他们大多安葬在异国他乡的朝鲜半岛上。

多少人期盼着亲人归来呀！今天，弟弟盼来了哥哥，孩子盼来了父亲，祖国盼来了他的英雄儿女。从2014年至2022年9月，已经有九批共913名在韩烈士的遗骸回到了祖国。

那时候他们正年轻，今天归来，却已经成为报国之躯。岁月让山河变了模样，时间将记忆的颜色消褪，然而，七十多年前那场保卫和平、反抗侵略的正义战争，那些为祖国和人民而战的英雄儿女，都烙印在历史的最深处，永不消逝。

## 牺牲：为有牺牲多壮志，敢教日月换新天

那时候，中华人民共和国刚刚成立，久经战火洗礼的中国人民盼望的和平生活刚刚开始，谁也没想到，与我国仅仅一江之隔的朝鲜半岛上爆发的内战将我们的和平建国之梦猛然击醒。美国政府操纵联合国，派遣以美军为首的"联合国军"对朝鲜进行武装干涉，并悍然出动海军第七舰队非法入侵台湾海峡，侵占我国领土台湾。1950年9月15日，美军突然登陆位于朝鲜半岛中西部的仁川，然后不顾我国政府的一再抗议和警告，于10月初越过"三八线"，把战火燃烧到鸭绿江边。美军还出动飞机，轰炸我国东北，严重威胁新中国的安全。

1950年10月19日，应朝鲜民主主义人民共和国的请求，以彭德怀为司令员兼政治委员的中国人民志愿军雄赳赳，气昂昂，跨过鸭绿江，开赴朝鲜参战。10月25日抗美援朝战争打响，历时两年零九个月。在10月25日至次年6月的战争第一阶段，志愿军同朝鲜人民军一起，连续进行了五次大的战役，将以美国为首的"联合国军"和南朝鲜（韩国）军从鸭绿江边打回到"三八线"，并把战线稳定在"三八线"南北地区，迫使其接受停战谈判。

第二阶段，从1951年6月中旬至1953年7月27日，志愿军和朝鲜人民军实施"持久作战，积极防御"的作战方针，以有力的作战配合停战谈判，主动发动多次战术性反击和进攻战役，先后粉碎"联合国军"的多次局部进攻，并取得反"绞杀战"和反细菌战的胜利。

1953年7月27日，战争双方在朝鲜停战协定上签字，战争结束。据中国人民志愿军和朝鲜人民军于1953年8月14日公布的数据，中朝军队共歼敌

109.3万余人，其中美军39万余人，击落、击伤敌机12224架，击沉、击伤敌舰艇257艘，击毁或缴获敌军各种战备物资无以计数。

胜利是来之不易的。今天，我们能在窗明几净、温馨安静的教室里学习，享受和平安乐的现代化生活，那都是无数的先烈用鲜血换来的。

两年零九个月的抗美援朝战争，中国人民志愿军在取得重大战果的同时，也付出了巨大的伤亡代价。志愿军司令部作战处于1953年8月15日公布的关于志愿军作战减员的统计显示，志愿军在抗美援朝战争中伤亡、失踪36万余人。2015年1月26日，民政部首次公布19.8万名抗美援朝烈士名单。

电影《长津湖》就取材于抗美援朝战争第二次战役中的长津湖战役。我军参战部队是志愿军第九兵团第二十军、第二十六军和第二十七军，总共约15万人。敌军则投入了美国海军陆战队第一师和第三、第七步兵师，以及南朝鲜（韩国）第一军团，共计约10万人。双方的参战部队都是顶级王牌部队。我军此役歼敌3.6万余人，其中美军2.4万余人。与此同时，我军由于装备落后，严重缺乏基本的战备生活物资，也付出了很大的牺牲。在最低温度达零下40摄氏度的山野湖泽中，我志愿军官兵大多身穿单衣或普通棉衣，连续作战一个月，远远超出了普通人的生理极限。电影画面中，让美军都纷纷脱帽致敬的那些保持战斗状态的冰雕连战士只有十几个人，但真实的情况是：被冻成冰雕的志愿军战士有整整三个连，好几百人。如果不是气候恶劣，防寒物资奇缺，美军绝不可能顺利地从他们面前逃脱，必然遭遇全部覆灭的命运。

上甘岭战役是志愿军在朝鲜上甘岭地区粉碎以美国为首的"联合国军"的"金化攻势"所进行的阵地防御作战。该战役中火力的密集度在近现代战争史上都是极为罕见的。在仅3.7平方公里的上甘岭地区，"联合国军"集结精锐部队6万余人，集中使用了300余门大炮、170余辆坦克，出动飞机3000余架次，总共发射炮弹190余万发，投放重磅炸弹5000多枚。上甘岭上坚硬的山石都被炸成粉末。志愿军则投入共4万余人的兵力、130余门地面火炮和47门高射炮，依托以坑道为骨干的阵地顽强抗击。战役持续43天，志愿军以伤亡1.15万人的代价歼敌2.5万余人，击伤击落飞机274架，战损人数首次低于武器装备远远占优的敌军。

从上甘岭战役，我们可以看到战场状况的惨烈，看到我军牺牲之巨大、意志之顽强。异国战场，陌生的环境，物资补给极端困难；没有制空权，缺乏坦克，没有先进的武器装备；靠吃冰炒面、冷饭团、冻土豆充饥，喝雪水、泥地积水解渴……我们的志愿军战士，在饥寒交迫的恶劣环境下，与装备精良、后勤保障优越的美军作战，不顾悬殊的客观条件，依然勇猛冲锋，以血肉之躯冲击钢铁制成的坦克，以铁血的意志踏平明碉暗堡，夺取了一场又一场战役的胜利。

胜利是用惨痛的牺牲换来的，近20万名志愿军战士捐躯异国他乡，其中有毛泽东主席的长子毛岸英，也有一批才能卓越的军事将领。下面我们来缅怀一下其中六位牺牲的高级将领。

胡乾秀，中国人民志愿军第二十军五十八师参谋长。1916年生于湖北省阳新县，1929年加入红军，1931年入党，历经南方三年游击战争、抗日战争和解放战争。长津湖东线战役打响后的第一天，胡乾秀率五十八师一七二团和一七四团二营连夜徒涉长津湖，于次日凌晨攻占了富盛里、上坪里、松亭里等地。当时气候条件极为恶劣，最低温度零下四十摄氏度，五十八师战士大多只穿着单衣或南方棉衣，普遍都被冻伤，战斗力受到严重影响。在这样极端困难的情况下作战，大多数部队的伤亡都在三分之二以上，许多阵地失守。胡乾秀赶赴黄草岭阵地，将一七三团和一七四团剩余战斗人员混合编成四个连队，向敌人发起一次又一次的冲锋，终于夺回了部分阵地。就在胡乾秀组织人员准备发动又一次进攻的时候，美军轰炸机群突然飞临我军阵地上空，投下大量的炸弹。前线作战指挥部所在的简易木头房子在炸弹爆炸声中解体倒塌。其他指挥员们都当场牺牲了，只有双腿齐断的胡乾秀在血泊里一息尚存。他顽强地坚持着交代完部队的后续事情，才永远闭上了眼睛。

蔡正国，中国人民志愿军第五十军副军长。1909年出生于江西省永新县，1929年参加革命，加入共青团，1932年参加红军，1933年转为中国共产党党员，历经长征、抗日战争和解放战争。1950年10月，奉命随第四十军参加抗美援朝战争，任第四十军副军长。刚刚进入朝鲜，蔡正国就指挥第四十军一二一师伏兵两水洞，使得两万多美军寸步难进，一举粉碎了他们援助西线战场的企图，为西线志愿军迅速攻取温井等地创造了有利条件，从而迫使"联合国军"在损失五万余人后全线撤退至清川江以南，为第一次战役的胜利立下大功。随后蔡正国被调任第五十军担任副军长，并在军长曾泽生回国休养期间任代军长，率领第五十军几乎全歼赫赫有名的英军第二十七旅，抢先攻占汉城（今首尔），血战白云山，激战"血岭"修理山……1953年的一日，蔡正国在坑道外的军部驻地参加军事会议，突然遭到美机轰炸，头部、胸部等多处被弹片击中，壮烈牺牲，时年四十四岁。蔡正国牺牲以后，战士们整理他的遗体时发现一封还未写完、沾满血迹的家书。他在家书中说自己对不起亲人，等战役胜利后再请假回家看望妻子和六岁的幼子，来尽尽丈夫和父亲的责任。得悉蔡正国殉国的消息，彭德怀司令员震惊得半天说不出话，毛主席非常痛心地说："蔡正国，不幸殉国！又折我一员骁将！"

**饶惠谭**，中国人民志愿军第二十三军参谋长。湖北省大冶市殷祖镇南山村人，1928年参加红军，1933年由共青团员转为中国共产党党员，历经南方三年游击战争、抗日战争和解放战争。1952年，饶惠谭主动要求赴朝参战，任志愿军第二十三军参谋长。次年3月21日凌晨，第二十三军指挥所遭到了美军机近半小时的狂轰滥炸，正在指挥作战的饶惠谭壮烈牺牲，年仅三十八岁。

**吴国璋**，中国人民志愿军第三十九军副军长。1918年出生于安徽省金寨县，1930年参加红军，

1932年加入共青团，1935年加入中国共产党，历经长征、抗日战争和解放战争。朝鲜战争爆发的时候，吴国璋正因严重胃病休养治疗。他一听说朝鲜战事，就不顾病痛，坚决要求参战。吴国璋毅然决然地奔赴朝鲜战场，由于时间紧迫，还没有来得及去见见失散了近二十年、刚刚才找到的母亲，而这也成了他家人永远的遗憾。吴国璋随第三十九军参加了著名的云山战斗，首次创造了以劣势装备沉重打击美军的成功范例。1951年10月6日，吴国璋所乘坐的吉普遭到美军机袭击，不幸中弹牺牲，年仅三十三岁。

**薛剑强，中国人民志愿军第三十九军一一六师参谋长。** 1922年出生于江苏省涟水县，1940年加入新四军，1941年入党，历经抗日战争和解放战争。1950年10月随第三十九军一一六师开赴朝鲜战场，参加了第一、第二、第三次战役。1951年1月，薛剑强率部队与英国王牌军来复枪联队鏖战于釜谷里。3日下午，薛剑强不顾警卫员劝阻，冒着枪林弹雨到阵地前沿观察敌情，不幸遭敌军炮击，

头部负重伤不治，壮烈殉国。朝鲜民主主义人民
共和国为了纪念薛剑强的功绩，将釜谷里山改名
为剑强岭。薛剑强在朝鲜战场上记有七十二天的
战地日记，后以《为了永久和平与幸福》为人们
所熟知。在日记中，他写下了许多表达心声的话
语："祖国，亲爱的新中国，我们暂时离开了你
的怀抱，为了确保我们的国防，保护我们友邦的
自由而离开你，走向那反侵略的战场，和敌人搏
斗。"为了永久的和平与幸福，他甘愿牺牲自
己："死对于人没有什么可怕，因为早晚总有这
么一回，可怕的是死得没有价值，可怕的是在死
前没有做成一点事业和成绩，白活了一遭！"

**罗春生**，中国人民志愿军第四十军一一八师师
长。1916年出生于江西省吉安县，1930年加入红
军，1931年加入共青团，1932年转为中国共产党
党员，历经长征、抗日战争和解放战争。1950年
10月率中国人民志愿军第四十军一二〇师入朝，
在温井战斗中取得辉煌战果，后历经五次战役，
追击敌军至汉江南岸。1951年8月调任第四十军

一一八师师长。1952年5月15日，年仅三十六岁的罗春生在涟川前线新寺洞附近与第六十四军一九二师交接防务时遭敌机空袭，壮烈牺牲。出征朝鲜前，罗春生曾满怀期待地对他侄子说："等胜利了，我就回老家去看望十五年未见的父老乡亲。"很遗憾，这最终成为他无法完成的夙愿。

"为有牺牲多壮志，敢教日月换新天。"新生的共和国用稚嫩的双肩承担起维护世界和平的国际义务，用近三年的时间，付出难以想象的巨大牺牲，彻底粉碎了美帝国主义的霸权美梦，使积贫积弱、饱经磨难的东方古国以雄狮般的崭新姿态，屹立于世界民族之林，成为维护世界和平与正义的中流砥柱。

## 英雄：捐躯赴国难，视死忽如归

　　抗美援朝战争，敌我双方的综合实力悬殊，当时世界绝大多数国家都认为这是美军必胜的一战，没有悬念。然而，战争的结果让全世界的军事家、政治家都大跌眼镜。谁也没有料想到，中国人民志愿军的忠勇、坚毅和大无畏的牺牲精神创造了战争史上的神话。这个神话的创造者都是伟大的英雄，我们从这个英雄的群体中撷取几个个人故事，讲述一下他们可歌可泣的传奇。

　　**杨根思，怀抱炸药扑向敌群，与敌同归于尽。**中国人民志愿军第二十军五十八师一七二团三连连长。长津湖战役开始后，杨根思带领一个排坚守1071.1高地东南方的咽喉要道——小高岭。夜暗如墨，大雪纷飞，寒风刺骨。杨根思和战友们蹲在用冻土块垒成的战壕里。黎明时分，敌人的进攻开始了。下了一轮密集的炮弹雨后，敌人在坦克的掩护下发起了一次又一次集群攻击。鏖战一天，杨根思带着战士们打退敌人的八次冲锋。这时候，满身是伤的杨根思环顾周遭，发现战友们都已牺牲，好在阵地还在自己手中。杨根思忍着剧烈的伤痛，挣扎着在阵地上爬来爬去，将剩下的炸药包、手榴弹全部归集到身边。没有了枪声的小高岭突然间显得特别安静。美军蜂拥而上，以为终于啃下了这块难啃的硬骨头。可他们还没来得及高兴。只见躺在地上、一身血污的杨根思怀抱炸药包，身挂手榴弹，突然间虎跃而起，向他们飞扑而来。一阵惊天动地的巨响，刚刚还张牙舞爪、不可一世的一群敌人眨眼间灰飞烟灭。杨根思壮烈地牺牲了。直到战役结束，小高岭阵地一直飘扬着志愿军的军旗。

**黄继光，用胸膛堵住敌人的枪眼。** 在上甘岭战役中，黄继光部队奉命攻占上甘岭西侧597.9高地。当时担任营部通信员的黄继光跟随营参谋长来到担任主攻任务的六连。营参谋长连续派出三批爆破组，要打掉进攻路线上的最后几个火力点。但每一批爆破手都牺牲在了冲击的路上。总攻马上就要开始了，夺取高地已经刻不容缓，否则牵一发而动全身，将贻误战机。危急时刻，黄继光勇敢地站了出来，请求担任爆破手。他带领两名战士组成爆破小组，相互掩护着冲向前方，机智勇敢地连续摧毁了敌人几个地堡。这时，同行的两个战友一个牺牲一个重伤，黄继光自己也是伤痕累累。黄继光强忍伤痛，挣扎着向前爬行，终于接近了最后一个也是火力最猛的中心地堡。黄继光拼尽余力，甩出身上最后一颗手雷。手雷在地堡机枪射击口轰然炸响，疯狂扫射的机枪顿时成了哑巴。重伤的黄继光在巨大的爆炸冲击波中昏迷过去了。部队冲锋的号角声让黄继光醒了过来，他发现地堡里的机枪又吐出了串串火舌，把罪恶的子弹泼洒向志愿军战士们。黄继光摸遍全身发现已经没有任何弹药了，他回头望望被呼啸的机枪子弹压得寸步难行的战友们。他咬咬牙，做出了一个惊人的决定。他拖着伤痕累累的身子，从机枪射击死角艰难地爬到地堡射击孔前，挣扎着用尽最后的力气，纵身而起，像雄鹰展翅般张开双臂，径直扑在机枪射击孔上，用胸膛堵住正在扫射的枪口，哒哒的机枪声呜咽着停止了嗷叫。志愿军战士们趁势像猛虎般冲上山岭，全歼了守敌。打扫战场的战友们发现，黄继光的胸膛依然紧紧堵着地堡机枪射击孔，双手还牢牢地抓着两边的沙袋。战友还看到，黄继光的双腿已断，身上小伤无数，还有七处重伤创口，血已经流尽，而黄继光前进的道路上留有一条长长的爬行的血带……

**邱少云，任烈火焚烧，誓死不暴露目标。**1952年10月11日晚，志愿军第十五军二十九师八十七团为缩短总攻到来后部队的冲击距离，减少牺牲，获取最大战果，特别组织邱少云等五百余名战士，趁夜隐蔽潜伏在距敌军不到一百米的草丛中。不料，12日中午时分，突然飞来四架敌军机，向潜伏区域的荒草地里胡乱投下一批燃烧弹，不幸有一颗正好落在邱少云潜伏点附近。茂密的荒草瞬间被点燃，并很快就延烧到邱少云身上的伪装上。火越烧越大，邱少云在烟熏火燎中极度痛苦，却不敢发出一点声音。他将毛巾塞进嘴里紧紧地咬住，双手深深插进泥土里，忍受着常人难以忍受的剧痛。离邱少云不远处是一条小溪，一个纵身跳跃，就可以让溪水熄灭身上的烈火。或者，就地打几个滚，也可以将火压灭。但邱少云毅然决然地放弃了所有的自救，他知道这样做当然可以让自己活下来，但一定会被近在咫尺的敌军发现，暴露目标，全营几百名战友就将因为他而葬送生命，即将到来的整个战斗也将因为他而惨遭失败。大火紧紧包围着他，疯狂地舔噬着他，烧毁了伪装草木，烧光了衣物，点燃了肉身，邱少云在剧痛中紧紧地趴在地上，将武器弹药压在身子下面，一声不吭，一动不动。直到昏迷过去，壮烈牺牲，邱少云始终没有发出丝毫声音。战友们顺利潜伏了多个小时后，于当天下午向守军发起突袭，顺利攻占了391高地，全歼守敌。

　　**胡修道，坚守阵地，孤胆奋战创造奇迹。**1952年11月5日，上甘岭战役鏖战正酣的时候，胡修道奉命和两个战友一起守卫597.9高地的3号阵地。

这天凌晨，敌军的进攻又开始了，而且更加猛烈。胡修道和战友们躲进坑道防空洞，避过飞机和火炮几轮轰炸后，立马飞奔到阵地掩体后。敌军步兵的攻击紧随而来。胡修道和两个战友互相配合，巧妙利用工事和地形，沉着应战，英勇反击，连续作战3小时，粉碎了敌人5次猖狂进攻。这时，不远处9号阵地请求支援，胡修道的班长奉命前往应援。胡修道和滕士生两人继续坚守3号阵地，又连续击退了敌军10余次进攻。敌军见3号阵地久攻不下，就集中兵力攻击左侧不远的10号阵地。一时间，10号阵地情况危急，胡修道和滕士生一起飞速赶往支援，打退了敌人的进攻。不幸的是战友滕士生负了重伤，失去了战斗力。回到3号阵地的胡修道成了孤家寡人，敌军又蜂拥而来。胡修道毫不畏惧，以一当十，沉着应战。他在战壕里来回奔跑，一个人扛起了三个人的守护点。每到一个守护点，胡修道就不要命地将手榴弹、爆破筒雨点般扔向敌群，粉碎了敌军一次又一次的疯狂进攻。直到黄昏时分，志愿军大部队赶来增援，胡修道自己以及和两个战友一起共打退敌人41次进攻，歼灭敌人280余人，可以说是战争史上的奇迹。

**唐章洪**，巧用"冷炮"战法的神炮手。在上甘岭战役中，唐章洪仅凭一门82毫米迫击炮，消灭敌军400余人。他被战友们誉为"给炮弹安上眼睛的炮手"。

**张桃芳**，令敌人闻风丧胆的神枪手。他单兵作战一个月，仅凭裸眼瞄准，用436发子弹，射杀214名敌军，斗智斗勇，击毙美军专业狙击高手！他创下志愿军单枪毙敌纪录。

**刘光子**，一人俘敌63人。1951年4月22日，在围歼英军格洛斯特营的战斗中，志愿军战士刘光子机智勇敢，独自一人就俘虏了英军63人。

**郑起**，一阵军号吓破敌胆。第三次战役时，郑起的连队在釜谷里与英军王牌部队激斗一天一夜，仅仅剩下7名勇士，还个个身受重伤。当敌人再次向阵地发动进攻时，郑起突然吹起雄壮激昂的冲锋号，冲到半路上的敌人顿时惊慌失措，疯狂地撤退跑下山去！

　　"诚既勇兮又以武，终刚强兮不可凌。身既死兮神以灵，魂魄毅兮为鬼雄。"英勇的中国人民志愿军最终击败了号称世界第一军事强国的美国侵略者，很重要的原因是我们的志愿军战士中有无数像杨根思、黄继光、邱少云、胡修道这样的英雄人物。在志愿军中，总共有12名"朝鲜民主主义人民共和国英雄"、2名特级战斗英雄、51名一级战斗英雄、4名一级模范、286名二级战斗英雄、75名二级模范，立三等功以上的指战员共302724名。

## 纪念：浩气还太虚，丹心照千古

　　七十多年过去了，抗美援朝战争的硝烟早已消隐于历史的烟云，但中国人民志愿军忠勇爱国、坚毅无畏的牺牲精神依然铭刻在人们的心里，他们用生命和鲜血浇灌出的和平之花依然盛开在世界的东方，他们用钢铁意志和血肉之躯树立起的民族尊严永远镌刻在共和国的英雄史册上。

中华民族从来都是敬仰英雄、感恩先烈的文明礼仪之邦，人们从来没有忘记"最可爱的人"，从来没有忘记抗美援朝战争的英雄们，也没有忘记因为诸多历史与现实的客观因素而散落在异国他乡的忠魂。

早在1958年，我们就在辽宁省丹东市鸭绿江畔的英华山上建立了规模宏大的抗美援朝纪念馆。据不完全统计，截至2022年，我国在朝鲜境内共建有8处中心烈士陵园、62处志愿军墓地和243个烈士合葬墓，在27个国家建有180处抗美援朝烈士纪念设施。一直以来，我们还致力于搜寻散失在朝鲜和韩国的烈士遗骸，借助DNA技术，为这些无名英烈确认身份和年龄，寻找他们还健在的亲人。无论是高级将领、战斗英雄，还是普通的志愿军指战员，他们都是爱国英模，是忠诚烈士，但他们还是父母的爱子爱女，儿女的慈父慈母，妻子的丈夫、丈夫的妻子，他们是亲族的一片天，是家庭的顶梁柱。每一个滞留难归的忠魂都是家人焦心盼望的团圆梦。

"浩气还太虚，丹心照千古。"今天，英雄的忠魂终于回到祖国怀抱，聆听亲人热切的问候，感知家乡的山河巨变，含笑长眠在青山绿水之间。此时此刻，我们没来由地泪流满面，耳边反复鸣响的是烈士彭自兴牺牲前写给母亲的诀别信：

"我已光荣献出了我自己青春生命，这是我感到最光荣的。母亲，您别要为我而悲痛，应该为我这种行动而感到骄傲。"